Blog

Jean-Philippe Blondel

Blog

Worterklärungen
von Laure Soccard

Ernst Klett Sprachen
Stuttgart

1. Auflage 1 ⁸ ⁷ ⁶ | 2024 23 22 21 20

© der Originalausgabe: Actes Sud, 2010
© Ernst Klett Sprachen GmbH, Rotebühlstraße 77, 70178 Stuttgart 2013. Alle Rechte vorbehalten.
Internetadresse: www.klett-sprachen.de

Autorin der Worterklärungen: Laure Soccard

Redaktion: Anne-Sophie Guirlet-Klotz
Layoutkonzeption: Elmar Feuerbach
Gestaltung und Satz: bostext, 71292 Friolzheim
Umschlaggestaltung: Elmar Feuerbach
Titelbild: Ernst Klett Sprachen (E. Feuerbach), Stuttgart
Druck und Bindung: Salzland Druck, Staßfurt

Printed in Germany

ISBN 978-3-12-592292-1

À ma femme et à mes filles.
Aux organisateurs du PNU 2009 .

1

PUTAIN DE MERDE.

Je sais, ça choque et surtout, ça manque d'élégance. Je devrais plutôt commencer le récit par des jolies phrases, des paragraphes bien tournés, en utilisant des termes éloquents et variés. Simplement, je n'y parviens pas. Cela fait une heure que les faits tournent dans ma tête, on dirait des corbeaux dans un clocher, ils croassent, ils descendent en piqué et remontent en flèche – je suis épuisé. Et retourné. Tout est sens dessus dessous. Je n'arrive plus à penser droit, et les mots me fuient. Ce qui me reste, c'est la stupeur, la colère et cette expression qui les résume : *putain de merde*.

J'aurais dû m'en douter, en fait.

Parfois, je me demande s'il n'a pas fait exprès de semer des indices pour distiller le doute et me préparer à la révélation. Il paraît que, parfois, les grands criminels agissent comme ça pour aiguiller les policiers et leur permettre de les arrêter. Tout au fond, ils ont envie d'être découverts – et punis. C'est tordu, comme méthode, mais les grands criminels sont tous un peu tordus. Le grand criminel, ici, c'est mon père. Et la victime, évidemment, c'est moi. Bon, d'accord, certains trouveront que tout ça n'est pas si grave, qu'il n'y a pas mort d'homme et que donc, je réagis de façon un peu exagérée. Moi, je ne trouve pas. C'est mon intimité qui est en jeu. Et le respect auquel j'aspire.

Ma mère l'a bien compris, d'ailleurs. Elle a été irréprochable, pour le coup. Quand elle a compris de quoi il retournait, elle a

---

1 putain de merde *vulg* verdammte Scheiße – **3 un récit** une histoire – **5 parvenir à qc** réussir à qc – **6 un corbeau** un gros oiseau noir – **7 croasser** le bruit que font les corbeaux – **7 en piqué** im Sturzflug – **8 en flèche** *ici :* rapidement – **8 épuisé** très fatigué – **8 (être) retourné** choqué, traumatisé – **8 être sens dessus dessous** être en désordre – **10 la stupeur** une très grande surprise – **12 se douter de qc** y penser, avoir l'idée de qc – **13 exprès** absichtlich – **13 semer** *ici :* laisser – **14 distiller qc** suggérer qc peu à peu et sans le dire vraiment – **16 aiguiller qn** orienter qn – **17 puni** bestraft – **17 tordu** bizarre – **22 exagéré** übertrieben – **24 aspirer à qc** souhaiter qc – **25 irréprochable** à qui l'on ne peut rien reprocher (vorwerfen)

copieusement engueulé mon père. Elle a tiré la tronche pendant quelques jours, mais finalement, cela n'a pas duré. D'abord, parce que ma mère est indécrottable dans son amour pour son mari, et ensuite, parce que les parents, ça a du mal à
5 rester fâchés longtemps, surtout lorsqu'ils vivent sous le même toit et qu'ils paient chacun leur part de loyer ou de facture d'électricité.

Moi, je me mure dans le mutisme. Je me suis même promis que je resterai muet jusqu'à ma majorité, ce qui fait un peu
10 moins de deux ans, six cent quatre-vingt-trois jours pour être précis. En rupture de communication avec mon père. Lui, il fait le gros dos, pour l'instant. Il est conscient d'avoir commis une énorme bourde, mais il est persuadé que ça me passera et que, s'il se fait oublier quelque temps, les choses rentreront
15 d'elles-mêmes dans l'ordre. Il se met le doigt dans l'œil jusqu'au coude. Il devrait se souvenir que je peux être extrêmement borné et que j'imite très bien l'autiste. En plus, je serai incorruptible. Inutile de tenter de m'amadouer avec des jeux vidéo ou des places de concert. Je ne céderai pas. Je continuerai
20 à lui battre froid – j'ai appris cette expression-là en cours de français l'autre fois et elle m'a éclaté : c'est vrai, on s'imagine toujours un combat comme un moment chaud et sanguin, mais *battre froid*, c'est la classe ultime. L'indifférence, le mépris, il n'y a rien de pire – je vais devenir un vrai
25 congélateur.

---

1 **copieusement** vraiment bien – 1 **engueuler qn** *fam* crier durement après qn – 1 **tirer la tronche** *fam* faire la tête – 3 **indécrottable** qu'on ne peut pas corriger – 5 **(être) fâché** être en colère/être en froid avec qn – 5 **lorsque** quand – 6 **un loyer** Miete – 6 **une facture d'électricité** Stromrechnung – 8 **le mutisme** l'attitude d'une personne qui garde le silence, qui ne veut pas parler – 9 **muet** qui ne parle pas – 11 **une rupture** *ici :* un arrêt – 12 **faire le gros dos** den Kopf einziehen – 12 **conscient** bewusst – 12 **commettre une bourde** *fam* faire une bêtise – 13 **être persuadé** être très sûr/ certain – 15 **se mettre le doigt dans l'œil jusqu'au coude** *fam* auf dem falschen Dampfer sein – 18 **tenter de faire qc** essayer de faire qc – 18 **amadouer qn** jdn durch Schmeicheleien für sich gewinnen – 19 **céder** accepter – 20 **battre froid à qn** ignorer qn – 21 **ça éclate qn** *ici :* ça fait beaucoup rire qn – 22 **un combat** Kampf – 23 **sanguin** → le sang – 23 **ultime** grand, suprême – 24 **le mépris** Verachtung – 25 **un congélateur** Gefriertruhe

Je sais. Il y a des mômes qui subissent des trucs horribles, et comparée à leur souffrance, ma révolte peut paraître futile. Voire carrément stupide. Parce que non, il ne m'a pas frappé. Il ne m'a pas violé. Il ne m'a pas foutu la honte devant mes
5 amis. Il n'a pas tenté de draguer ma copine – je n'en ai pas pour l'instant, ça règle le problème. Il n'a pas non plus trompé ma mère ni incendié la maison. Rien de tout ça, et un peu de tout ça quand même, mine de rien. Surtout le viol. Sauf que c'est un viol virtuel.
10 Il a lu mon blog.

Je ne l'ai jamais autorisé à le lire, bien sûr. Je ne lui en ai même jamais parlé. Ni mentionné son existence. Dans un pavillon étriqué comme le nôtre, personne n'a réellement d'intimité. Tout se sait, tout s'entend – même quand les parents
15 se donnent du plaisir en faisant leur possible pour ne laisser échapper aucun cri ni aucun râle. Alors, le blog, c'était mon espace privé. Mon domaine. Et il a tout salopé. Je trouve ça dégueulasse. Ma révolte, je la revendique. Parce qu'il ne s'est pas retrouvé sur mon blog par hasard. Et qu'il ne s'y est pas
20 rendu qu'une fois. Il l'a suivi, pisté, décortiqué. Quand je suis en face de lui, maintenant, j'ai l'impression de me promener nu en pleine ville. Et ça me donne envie de gerber.

Des indices, donc, il en a laissé – comme les cailloux semés par le Petit Poucet dans la forêt. Sauf que je n'y ai pas fait gaffe.
25 J'ai bêtement cru qu'il s'intéressait davantage à moi, ces derniers temps, qu'il était plus à l'écoute. Ah ça, l'écoute, il y

---

1 **un môme** *fam* un enfant – 1 **subir** *ici :* vivre – 2 **la souffrance** la douleur – 2 **futile** ≠ grave, sérieux – 3 **carrément** vraiment – 3 **frapper qn** battre qn – 4 **violer qn** abuser de qn sexuellement – 4 **foutre la honte à qn** *fam* faire honte à qn – 6 **tromper qn avec qn** être infidèle (jdn mit jdm betrügen) – 7 **incendier qc** mettre le feu à qc – 8 **mine de rien** *fam* ganz unauffällig – 12 **mentionner** *ici :* parler de – 13 **étriqué** petit – 16 **échapper** *ici :* sortir – 16 **un râle** un bruit de respiration – 17 **saloper qc** *fam* versauen – 18 **dégueulasse** *fam* fies – 18 **revendiquer qc** sich zu etw bekennen – 20 **pister qc** suivre la trace de qc – 20 **décortiquer qc** *fam* analyser qc en détail – 22 **gerber** *vulg* kotzen – 23 **un caillou** Kieselstein – 24 **le Petit Poucet** der Däumling – 24 **faire gaffe à qc** *fam* faire attention à qc – 25 **davantage** plus

était, mais tendance services secrets, Polizei, Renseignements généraux.

J'aurais dû m'en douter quand même. Surtout quand il m'a sorti, le jour de mon anniversaire, le truc dont je rêvais le plus
5 au monde – deux places pour le concert de Muse à Strasbourg. Et en plus, le deuxième ticket, il n'était même pas pour lui. Il m'a dit que je choisirais mon accompagnateur – ou mon accompagnatrice – et que lui ne servirait que de chauffeur.

Honnêtement, sur ce coup-là, il m'a tué. Il déteste Muse –
10 son truc à lui, ce serait plutôt la variété des années 1980, des morceaux insipides avec des paroles débiles, sur lesquels on danse encore dans les boîtes de nuit de cambrousse. Il n'aime pas particulièrement les mecs avec lesquels je traîne. Il m'a toujours fait des cadeaux à contretemps – genre, un Circuit 24
15 pour mes douze ans, alors que je ne jouais plus à ces jeux de mômes depuis au moins trois ans. Et là, d'un coup, l'illumination, la révélation. Et moi, trop con, je lui demande « Mais comment t'as su ? » et lui qui rigole, content de lui, et qui répond : « J'ai laissé traîner mes oreilles un peu partout et
20 ce n'était pas difficile, tu parles tout le temps de ce groupe et tu n'écoutes que ça. – Pas que ça. – Presque que ça. »

Je vous jure que ça m'a perturbé quelque temps. Je me suis demandé si je ne jugeais pas mal mon père. S'il ne méritait pas autre chose que la lassitude et le mépris gentillet que je lui
25 témoignais. Mais bon, ce n'est pas super simple non plus d'avoir un père instit qui a été ta star pendant toute ton enfance. À un moment donné, au collège, tu t'aperçois que

---

1 **les Renseignements généraux** Inlandsgeheimdienst – 5 **Muse** le nom d'un groupe de musique – 7 **un accompagnateur** → accompagner qn – 9 **honnêtement** → l'honnêteté f – 10 **la variété** Unterhaltungsmusik – 11 **un morceau** ici : une chanson – 11 **insipide** ici : ennuyeux – 11 **débile** fam stupide, idiot, bête – 12 **une boîte de nuit** une discothèque – 12 **la cambrousse** fam la campagne – 13 **traîner avec qn** fam ici : être copain avec qn – 14 **à contretemps** trop tard, alors qu'on en a plus envie/besoin – 14 **genre** ici : comme, par exemple – 14 **un circuit** Spielzeugautorennbahn – 17 **une illumination** une inspiration, une bonne idée – 17 **con** vulg bête, idiot, stupide – 22 **jurer** assurer (schwören) – 22 **perturber** troubler – 23 **juger** beurteilen – 24 **la lassitude** une très grande fatigue – 25 **témoigner** montrer – 26 **un instit**(uteur) fam un professeur de l'école primaire

finalement, non, il n'a pas réponse à tout et qu'il ne connaît pas toutes les matières. Tu te rends compte aussi qu'il se trompe souvent, qu'il prend des décisions à l'emporte-pièce et qu'il ne sait pas bien s'occuper des enfants qui grandissent – il ne
5 comprend pas quand il doit lâcher un peu plus la bride et quand, au contraire, il devrait la resserrer. Je ne dis pas que c'est facile. Je dis que c'est son rôle et qu'il ne le remplit pas bien. Bref, petit à petit, on s'est détachés, lui et moi – du coup, il reporte toute son affection sur ma petite sœur de sept ans,
10 qui était déjà une peste avant et qui devient maintenant totalement imbuvable.

Bon, toujours est-il que, quand il m'a offert les places pour le concert de Muse, j'en suis resté soufflé – et pas que moi. Ma mère ouvrait de grands yeux et ma sœur Nina était verte de
15 jalousie. Elle ne comprenait pas de quoi il retournait mais ce qu'elle captait très bien, c'est que ce n'était pas elle la reine du bal, pour une fois. D'ailleurs, à la fin du repas, elle est directement allée vomir le gâteau qui lui était resté sur l'estomac – histoire de redevenir le centre d'attention.

20 Le climat familial a été légèrement modifié, après mon anniversaire. L'ambiance était bien plus chaleureuse que les normales saisonnières. Les orages étaient rares et les cumulus se dispersaient rapidement. J'ai même accepté de passer une soirée au bowling avec mon père, entre mecs.
25 C'était un peu pitoyable, genre « on passe une soirée virile », mais bon, ce n'était pas non plus trop désagréable.

Tout ça a été bien gâché évidemment par les retombées du premier conseil de classe. Je suis en seconde, et jusqu'à l'année

3 **à l'emporte-pièce** *ici* : n'importe comment – 5 **lâcher la bride** die Zügel schleifen lassen – 6 **resserrer** fester ziehen – 8 **se détacher de qn** être moins proche de qn – 11 **imbuvable** *fig et fam* ≠ agréable – 15 **retourner de qc** s'agir de qc – 16 **capter** *fam* comprendre – 16 **une reine** la femme du roi – 18 **vomir** sich übergeben – 18 **rester sur l'estomac** etw nicht verdauen – 20 **modifié** changé – 21 **chaleureux** agréable – 22 **les normales saisonnières** *fpl* les températures de saison – 23 **un cumulus** un nuage de beau temps – 23 **se disperser** se séparer en allant dans différentes directions – 25 **pitoyable** triste – 25 **viril** entre hommes – 27 **gâché** verdorben – 27 **les retombées** *fpl* les conséquences

dernière, j'ai toujours été dans la tête de classe – je savais que mes parents ne me lâcheraient pas la grappe si je n'avais pas des résultats meilleurs que la moyenne, et j'avais envie de tout sauf de les avoir sur le dos toute la journée. Sauf que, entre la troisième et la seconde, il y a un putain de palier. Un truc de ouf, dans certaines matières. En français, en anglais, en maths – incroyable. C'est comme si t'étais directement jeté dans le grand bain de la piscine, et sans bouée.

J'ai bu la tasse d'entrée. Depuis je remonte petit à petit vers la lumière – j'ai même récemment atteint la surface en langues et en français, mais les maths restent plombées (faut dire qu'avec le petit nerveux à moustache qu'on a comme prof, genre qui n'explique jamais rien, ça ne risque pas de monter, mais bon, ça c'est un autre débat) et puis surtout, les moyennes du premier trimestre se ressentent des premiers résultats. J'ai eu beau expliquer que tout allait de mieux en mieux, mes parents ont très mal encaissé le coup (pas aidés par les appréciations des profs, qui ne se sont pas foulés : « Ensemble encore insuffisant », « Ensemble fragile », rien de positif, que des répétitions, ils sont marrants, les profs, ils veulent qu'on évite les redites et eux ils utilisent dix mots de vocabulaire pour les bulletins). Surtout mon père, il a un côté très vieillot, style « Les fils d'instit, ça doit être bon à l'école », c'est super gavant. Les relations se sont lentement mais sûrement détériorées à nouveau.

Pourtant, malgré ça, j'ai remarqué que quelque chose avait changé. Il était plus présent. Plus attentionné. Et il semblait comprendre ce dont je parlais, quand je parlais. C'était diffus,

---

2 **lâcher la grappe à qn** *fam* laisser qn tranquille – 4 **avoir qn sur le dos** jdn am Hals haben – 5 **un palier** Stufe – 8 **une bouée** Rettungsring – 9 **boire la tasse** avaler de l'eau, *par extension* se noyer (ertrinken) – 10 **récemment** il n'y a pas longtemps – 10 **atteindre la surface** *ici :* avoir la moyenne – 11 **rester plombé** *fam* rester mauvais – 15 **un trimestre** une période de trois mois – 15 **se ressentir de qc** sich auf etw auswirken – 17 **encaisser le coup** *fam* réagir – 18 **ne pas se fouler** *fam* ne pas faire d'efforts – 19 **insuffisant** *ici :* encore trop faible – 20 **marrant** *fam* drôle – 21 **une redite** une répétition – 23 **gavant** *fam* énervant – 24 **se détériorer** devenir de plus en plus mauvais

comme impression, mais persistant. Sous la surface, je pensais qu'un sol stable était en train de se construire entre nous. Je ne le montrais pas, mais j'en étais terriblement fier. Je n'avais pas compté sur les tremblements de terre, la triche, la
5   fausseté.

1 **persistant** qui dure – 2 **un sol** Boden – 4 **un tremblement de terre** Erdbeben – 4 **la triche** Betrug

2

LA RÉVÉLATION, JE L'AI EUE EN QUELQUES JOURS. Déjà parce qu'un document, en anglais, m'a plongé dans le doute. Nous l'avons étudié il y a deux semaines. C'est une affiche tirée d'une campagne de sensibilisation sur les dangers d'internet
5 – elle a apparemment été placardée partout en Angleterre l'année dernière. La photo montre une fille de quatorze-quinze ans, assise sur un tabouret, avec un ordinateur portable sur les genoux. L'ordi est ouvert et l'écran, qui se situe au niveau de sa poitrine, est dirigé vers les passants, ou les lecteurs.
10 Cette fille, elle est habillée normalement, genre uniforme d'école à l'anglo-saxonne, pas trop moche pour une fois. Sauf que sur l'écran, elle n'est plus du tout en uniforme. Elle est en soutien-gorge. Et tout autour d'elle, il y a des dizaines de flèches et de noms – le nom de tous ceux qui peuvent avoir
15 accès à son intimité sur internet : son ex-copain, le livreur de pizzas, le postier, sa petite sœur, ses profs et évidemment aussi un délinquant sexuel. Le slogan est clair : attention à ce que tu postes sur le web. N'importe qui peut le voir. C'est censé faire peur, et ça marche – mais pas pour l'histoire de l'obsédé. Des
20 pervers, des pédophiles, on est tous au courant qu'il y en a plein sur la toile. Les médias n'arrêtent pas de nous le répéter. Mais bon, des connards bourrés sur les routes, il y en a tout le temps aussi et ça n'empêche personne de faire de la voiture. Le truc qui tue, dans cette campagne, ce n'est pas le délinquant

---

2 **plonger qn dans le doute** faire que qn se pose des questions – 4 **une campagne de sensibilisation** Aufklärungskampagne – 5 **apparemment** visiblement – 5 **placardé** affiché – 7 **un tabouret** Hocker – 8 **se situer** se trouver – 9 **la poitrine** Brust – 9 **être dirigé vers** être en direction de – 9 **un passant** Fußgänger – 11 **moche** *fam* ≠ beau – 13 **un soutien-gorge** BH – 14 **une flèche** Pfeil – 15 **un livreur de pizza** la personne qui livre/apporte les pizzas à la maison – 16 **un postier** la personne qui travaille à la poste – 17 **un délinquant sexuel** Sexualstraftäter – 18 (**être**) **censé faire qc** eigentlich etw tun sollen – 19 **un obsédé** Sexbesessener – 21 **la toile** *ici :* l'internet *m* – 22 **un connard** *vulg* un idiot – 22 **bourré** *fam* qui a bu trop d'alcool – 23 **empêcher qn de faire qc** arrêter qn – 24 **le truc qui tue** *fam* la chose qui choque le plus

sexuel, c'est le reste : « ton père », « ta mère », « ton oncle », « tes grands-parents », « le patron de ton père ». Bon, « tes grands-parents », je m'en tape un peu. Mon père n'a plus de père depuis longtemps, il est mort quand j'étais petit, d'un cancer, je
5 crois, je ne m'en souviens plus de toute façon ; quant à Mamie Colette, elle a perdu la tête, on va la voir de temps en temps aux Étourneaux, mais elle ne nous reconnaît jamais. Ceux de ma mère ne sont pas bien vaillants et sont réfractaires aux nouvelles technologies – et à tout ce qui est nouveau, d'ailleurs
10 –, je n'ai d'oncles et de tantes que du côté de ma mère, mais on les voit rarement, ils habitent loin et je ne les connais pas. Mais mes parents, *putain de merde*. Bien sûr que non, ils ne savaient pas ce que je mettais sur mon blog ou sur mon compte Facebook. Mon ordi est dans ma chambre et je ne le laisse
15 jamais allumé. Je vide l'historique et les cookies dès que je suis allé sur un site un peu compromettant (on se comprend, j'ai quinze ans, OK ?). Je nettoie mes traces. Mais le doute s'est infiltré – comme quoi la campagne était efficace.

Ensuite, il y a eu l'affaire dite des Sunday Drivers. Les Sunday
20 Drivers, c'est un groupe espagnol qui chante en anglais. Ici, à part quelques aficionados qui se la jouent branchés, personne ne connaît. Ils ont un morceau que j'aime particulièrement, parce qu'il me fout la pêche. Il s'intitule *Do It* et ça sonne comme ça : *Do it, do it, do it, put yourself in my place*, bon
25 évidemment, sans la musique, ça ne donne rien. J'avais récupéré une vidéo d'un de leurs concerts sur YouTube et je l'ai postée sur mon blog. C'était le jeudi soir, tard. Bref, la nuit passe, je n'y pense plus et, vendredi soir, quand je rentre, qu'est-ce que j'entends ? Mon père en train de siffloter ce

3 **je m'en tape** *fam* ça m'est égal – 4 **le cancer** Krebs – 8 **vaillant** en bonne santé –
8 **être réfractaire à qc** qui résiste à qc, qui ne montre aucun intérêt pour qc –
11 **rarement** ≠ souvent – 15 **dès que** quand – 16 **compromettant** *ici :* dangereux,
interdit – 17 **s'infiltrer** sich einschleichen – 18 **efficace** *ici :* qui provoque l'effet
attendu – 21 **un aficionado** *esp* un amateur – 23 **foutre la pêche à qn** *fam* donner la
forme à qn – 25 **récupérer** trouver – 29 **siffloter** pfeifen

morceau-là dans la cuisine. Au début, ça m'a fait sourire et puis juste après, j'ai flippé. Je lui ai demandé d'une voix que je voulais naturelle ce que c'était, comme morceau, il s'est mis à rougir et il a répondu qu'il ne savait pas, qu'il avait entendu cet

5 air-là à la radio et qu'il lui était resté dans la tête. Lui, il semblait tout sauf naturel. Un gamin pris en faute.

C'est à ce moment-là que le doute s'est vraiment étendu, des nuages qui se rassemblent avant l'orage. Je suis monté dans ma chambre et je suis resté un long moment à regarder la pièce,

10 l'agencement des meubles, mes posters, mes vêtements – et si quelqu'un, subrepticement, virtuellement, entrait là en mon absence ? Et si ce quelqu'un-là, c'était la personne qui était censée vous protéger des agressions de la vie ? Et si on était définitivement tout seul sur terre ?

15 À partir de ce moment-là, je me suis mis à épier tous ses gestes. Inconsciemment, il est devenu mon ennemi. Je m'appliquais à ne pas le montrer, mais je ne relâchais plus mon attention. Et j'ai été récompensé. Vite. Parce que, finalement, lorsqu'on est vraiment attentif aux autres, à leurs non-dits,

20 à leur langage corporel – alors, ils deviennent aisément déchiffrables. Faciles à épingler. Ils multiplient les erreurs, les confusions, les preuves. La vérité a éclaté le lundi suivant.

Je quittais le lycée à trois heures, il n'y avait personne à la maison. Je suis allé directement dans la pièce qui lui sert de

25 bureau. J'ai allumé son ordi, j'ai entré les codes secrets (parce que rien n'est secret dans une famille, sauf les secrets de famille), soit dit en passant, son nom de passe est idiot – et je

---

2 **flipper** *fam* avoir peur – 5 **un air** une mélodie – 6 **un gamin** *fam* un enfant –
7 **s'étendre** devenir plus grand – 10 **un agencement** la manière dont les meubles sont
arrangés – 11 **subrepticement** en secret – 13 **protéger qn de qc** jdn vor etw schützen –
15 **épier** observer attentivement et en secret – 16 **inconsciemment** unbewusst – 16 **un
ennemi** ≠ un ami – 17 **relâcher son attention** faire moins attention – 18 **être
récompensé** belohnt werden – 20 **aisément** facilement – 21 **déchiffrable** *ici* : qu'on
peut comprendre – 21 **épingler** *fam* attraper qn en faute – 21 **multiplier qc** augmenter
qc – 22 **faire éclater la vérité** die Wahrheit ans Licht bringen – 27 **soit dit en passant**
nebenbei gesagt

me suis connecté. C'était étrange de se trouver là, devant son portable allumé. Il y a longtemps que je ne viens plus dans cette pièce. Je me souviens que, quand j'étais petit, nous passions du temps ensemble ici, il m'apprenait à jouer à des jeux vidéo, je l'ai vite dépassé. En m'asseyant à sa chaise, j'avais l'impression de devenir lui. Je ne me trompais pas. Je devenais lui. La fouine. Le furet. Les RG. Encore qu'il ferait un piètre détective – il ne sait pas effacer ses traces, lui. Je m'en doutais. L'historique Google avait été vidé, mais les cookies et les fichiers temporaires n'avaient pas été éliminés – et dans les adresses, il y en avait une que je connaissais bien – celle de mon blog. Mon ancrage virtuel. Mon intimité adolescente au milieu d'une maison envahie par les adultes et par ma petite sœur. Je me suis adossé au siège pivotant. J'avais la tête qui bourdonnait.

J'ai tout éteint et je suis allé m'étendre. Je me suis endormi sans m'en rendre compte.

---

5 **dépasser qn** *ici :* devenir plus fort que qn – 6 **se tromper** ne pas avoir raison – 7 **une fouine** Steinmader, *ici :* elender Schnüffler – 7 **un furet** Frettchen – 7 **les RG** les Renseignements généraux (→ S. 10) – 7 **piètre** mauvais – 8 **effacer** faire disparaître – 10 **un fichier** *en informatique* ensemble de données qui constitue une unité – 10 **éliminé** gestrichen – 12 **un ancrage** Verankerung – 13 **envahi** rempli, plein de – 14 **s'adosser à qc** s'asseoir en mettant son dos contre qc – 14 **un siège pivotant** Drehstuhl – 15 **bourdonner** entendre sans arrêt du bruit – 16 **s'étendre** s'allonger

3

QUAND JE ME SUIS RÉVEILLÉ, il était sept heures – la maison résonnait de divers bruits d'ablutions et une odeur de gratin trop cuit s'élevait dans l'air. Quelqu'un avait pris soin de refermer la porte de ma chambre. Je suis descendu. Ils
5 étaient tous les trois dans la cuisine, ma sœur découpait des tomates en tirant la langue, mon père surveillait les opérations tout en buvant un café et ma mère s'affairait devant l'évier. Une famille formidable. Américaine en diable. Une pub des années 1950, comme on en a vu en histoire l'autre jour. Pas de
10 doute. C'était moi, l'élément perturbateur.

Alors, j'ai perturbé.
Je me suis planté devant lui, il s'est légèrement reculé, j'ai compris qu'il devait y avoir dans mes yeux de la détermination et de la colère, quelque chose en tout cas qui fait plier les
15 adultes même en face d'un enfant ou d'un adolescent.
Je me suis entendu parler. J'avais une voix sourde que je ne me connaissais pas. Que personne ne me connaissait d'ailleurs, parce que ma sœur s'est arrêtée net de découper les tomates et qu'elle m'a dévisagé avec, pour la première fois, une
20 sorte de respect ; parce que ma mère avait peur, elle aussi, je le voyais sur son visage. C'est étrange de faire peur à ses parents, de les effrayer vraiment. Sentir ce pouvoir en soi, cette envie de domination.
– Tu as lu mon blog.
25 – Pardon ?

---

2 **résonner** erschallen – 2 **divers** différent – 2 **une ablution** le bruit que l'on fait quand on se lave – 2 **une odeur** Geruch – 3 **cuit** gebacken – 3 **s'élever** monter – 3 **prendre soin de faire qc** faire qc en faisant attention – 6 **en tirant la langue** *ici* : faire qc avec soin/application (Sorgfalt) – 6 **surveiller** *ici* : contrôler ce que font les autres – 7 **s'affairer** s'occuper – 7 **un évier** Spüle – 8 **formidable** fantastique – 8 **le diable** Teufel – 10 **perturbateur** qui trouble – 12 **se planter devant qn** se mettre devant qn – 12 **se reculer** ≠ s'avancer – 14 **faire plier qn** jdn auf die Knie zwingen – 16 **sourd** ≠ fort – 19 **dévisager qn** → le visage ; regarder qn avec attention – 22 **effrayer qn** faire peur à qn

– Ne me force pas à répéter.

– Ne me parle pas sur ce ton-là !

– Je parle sur le ton que je veux ! Ce n'est pas moi qui manque de respect !

5 – Je ne sais pas de quoi tu parles.

– Menteur !

– Tu veux une baffe ?

– Rajoute la violence au mensonge. Le tableau sera complet.

10 – Mais…

– Il n'y a pas de mais. Tu as lu mon blog, c'est une violation d'intimité.

– Tout de suite les grands mots ! Comme si internet, c'était privé !

15 – Ah tu vois que tu reconnais !

– Mais je ne reconnais rien du tout, merde ! Qu'est-ce que c'est que cette histoire, à la fin ?

À ce stade, il est rouge comme une tomate. Il soupire bruyamment. Il pose sa tasse de café si violemment qu'il
20 l'ébrèche et pousse un juron. Ma mère fronce les sourcils. Ma sœur a les yeux écarquillés.

– J'avais des doutes. Je suis allé vérifier sur ton ordinateur. Je n'en ai plus aucun.

– Tu… Tu as osé allumer mon ordinateur sans…

25 Il ne finit pas la phrase. Il comprend tout de même que le contexte ne lui est pas favorable. Il cherche à formuler sa pensée mais ne parvient qu'à émettre un curieux petit gémissement. Ma mère s'en mêle. Elle prononce le prénom de son mari – Philippe – et il y a de l'inquiétude dans le point

---

6 **un menteur** → mentir, une personne qui ne dit pas la vérité – 7 **une baffe** *fam* Ohrfeige – 8 **un mensonge** → mentir, ≠ la vérité – 11 **une violation** Verletzung – 18 **soupirer** seufzen – 19 **bruyamment** en faisant un grand bruit – 20 **ébrécher qc** casser légèrement qc sur les bords – 20 **pousser un juron** fluchen – 20 **froncer les sourcils** die Augenbrauen runzeln – 21 **écarquillé** *pour les yeux* grands ouverts de surprise – 24 **oser faire qc** *ici :* se permettre de faire qc – 26 **favorable** günstig – 27 **émettre** produire, faire – 28 **un gémissement** un bruit vocal – 28 **se mêler de qc** sich einmischen – 29 **l'inquiétude** *f* → inquiet

d'interrogation qu'elle ajoute à la fin de sa phrase. Et là, ledit Philippe s'enfonce.

– Mais ce n'est pas moi, à la fin ! Je ne sais pas. C'est peut-être ta sœur !

5   Un cri strident dans la cuisine. Suivi d'une demi douzaine de : « Hein ? Ça va pas ? N'importe quoi ! » Ma sœur a tous les arguments pour elle – elle ne connaît pas les codes d'accès, elle préfère la DS aux jeux sur internet et, surtout, elle ne sait même pas ce que c'est, un blog. Elle explique tout ça en hurlant
10 et en pleurant à moitié et finit par quitter la cuisine en courant pour se réfugier dans sa chambre. Ne restent dans la cuisine que nous trois – ma mère, en retrait, nous observant tour à tour, nous, les combattants, tendus, prêts à en découdre.

Les hommes entre eux, parfois, c'est lamentable. J'avais
15 entendu ma mère prononcer une fois cette phrase, après une engueulade entre mon père et son meilleur ami – celui qu'on m'a forcé toute mon enfance à appeler *Tonton* Marc et dont j'ai appris à douze ans seulement qu'il n'avait aucun lien de parenté avec mon père (je me souviens que ça a été un vrai
20 choc mais que je n'en ai rien dit, j'ai seulement été dégoûté). *Les hommes entre eux, parfois, c'est lamentable.* C'était comme si je pouvais voir toute la scène. Comme si je m'étais dédoublé et que j'étais une mouche perchée au plafond – le père, le fils, muscles saillants, attitudes belliqueuses, regards brillants. Je
25 nous ai trouvés ridicules. Alors, j'ai abandonné avec panache. J'ai jeté un dernier coup d'œil à mon père et j'ai froidement lancé mon venin.

---

2 **s'enfoncer** rendre sa situation encore plus grave – 5 **strident** schrill – 8 **une DS** une console de jeux – 9 °**hurler** crier très fort – 11 **se réfugier** Zuflucht suchen – 12 **en retrait** ≠ en avant – 13 **un combattant** → un combat, p. 8 – 13 **tendu** angespannt – 13 **en découdre avec qn** se battre avec qn – 14 **lamentable** *ici :* nul – 16 **une engueulade** *fam* une dispute – 17 **forcer qn à faire qc** obliger qn à faire qc – 17 **un tonton** *enfantin et fam* un oncle – 18 **un lien de parenté** être parent/de la même famille avec qn – 20 **être dégoûté** *ici :* empört – 22 **se dédoubler** *ici :* être deux personnes à la fois – 23 **une mouche** Fliege – 23 **un plafond** Decke – 24 **saillant** tendu – 24 **belliqueux** *latin* bellicosus « guerrier », bellum « guerre » – 25 **abandonner** *ici :* ne plus vouloir, renoncer – 25 **avec panache** avec fierté, royalement – 26 **lancer son venin** *ici :* dire qc de méchant

– Je ne te parlerai plus jamais tant que j'habiterai sous ce toit. Je continuerai d'obéir, puisque je suis dépendant, mais toute communication est coupée.

Je ne sais pas d'où venaient ces mots d'adulte et cette voix glaciale. D'une poche tout au fond de moi, sans doute – une poche où s'emmagasinent les souvenirs, les colères, les bonheurs et toutes les émotions, une poche qui se videra dans quelques années et coulera dans mes veines pour faire de moi celui que je suis censé devenir. J'espère que je ne serai pas le monstre froid que j'ai été ce jour-là avec mon père. J'espère aussi que je ne serai pas un renard aux aguets, fourbe et hypocrite, qui lit le blog de son fils en cachette et n'ose même pas l'avouer quand il est dénoncé et presque pris la main dans le sac.

---

2 **obéir à qn** jdm gehorchen – 2 **puisque** comme, parce que – 6 **s'emmagasiner** s'accumuler, se stocker – 8 **une veine** Ader – 11 **un renard** Fuchs – 11 **être aux aguets** auf der Lauer liegen – 11 **fourbe** faux – 12 **hypocrite** ≠ sincère – 12 **en cachette** → cacher – 13 **être dénoncé** verraten werden – 13 **(être) pris la main dans le sac** être pris sur le fait (erwischt)

4

VOILÀ, ÇA, C'ÉTAIT LUNDI. Aujourd'hui, nous sommes vendredi. Quatre jours de mutisme absolu avec mon père. Quatre jours à sentir l'atmosphère changer dans la maison, grâce ou à cause de moi. Quatre jours à contrecarrer les assauts
5   de ma sœur, qui n'a pas capté que mon vœu de silence ne concernait que notre géniteur et qui a cru qu'elle pouvait me faire subir les pires tourments sans que je réagisse. Hier soir, elle a craqué. Elle s'est mise à pleurer et elle m'a supplié de reparler à papa, elle a ajouté qu'elle n'en pouvait plus de cette
10 ambiance pourrie et que papa et maman n'arrêtaient pas de se disputer. Je sais. J'entends. Je ne lui adresse plus la parole, mais je l'entends – et j'en retire un plaisir coupable, probablement du même ordre que celui qu'il retirait à compulser mon blog – blog que j'ai évidemment gelé, sans autre forme de procès et
15 sans donner aucune explication.

J'ai entendu les portes claquer quand maman l'a sommé de lui expliquer en détails ce qui s'était passé. C'est même l'une des rares fois où j'ai entendu ma mère hurler. Brièvement, certes, mais tout de même. Une sacrée victoire.
20 De courte durée, néanmoins, parce qu'hier, elle est venue dans la chambre et s'est assise sur mon lit pour m'expliquer posément que mon père était désolé et qu'il avait fait une énorme connerie – c'est le mot étonnant qu'elle a utilisé – mais qu'il fallait savoir pardonner, c'était même une des plus
25 grandes qualités dans la vie, savoir pardonner, alors elle

---

4 **contrecarrer qc** s'opposer à qc – 4 **un assaut** une attaque – 5 **capter** *fam* comprendre – 5 **un vœu de silence** la décision de ne pas parler – 6 **un géniteur** *ici :* le père – 7 **subir** supporter contre sa volonté – 7 **un tourment** une douleur morale – 8 **craquer** ≠ rester fort – 8 **supplier qn de faire qc** demander qc à qn avec insistance – 10 **pourri** mauvais – 12 **coupable** schuldig – 13 **compulser** examiner/consulter avec attention – 14 **geler (un blog)** bloquer – 16 **claquer** *ici :* produire un bruit sec – 16 **sommer qn de faire qc** donner l'ordre à qn de faire qc – 18 **brièvement** rapidement – 19 **sacré** *fam ici :* grand – 20 **de courte durée** rapide – 20 **néanmoins** dennoch – 22 **posément** calmement – 23 **une connerie** *fam* une bêtise – 24 **pardonner qc à qn** → le pardon, excuser qn

attendait que nous nous « rabibochions ». J'ai souri, à cause du verbe *rabibocher*, c'est vraiment un mot à elle, ça, je n'ai jamais entendu personne d'autre l'utiliser. Elle a soupiré, elle a dit :

– Tu sais, ton père, cela n'a pas toujours été facile pour lui,
5 il… enfin, bon, il est maladroit parfois.

J'étais furieux. Ce n'est pas une maladresse. C'est beaucoup plus grave que ça, mais personne n'a l'air de s'en rendre compte. Espionner son enfant, c'est ne pas lui faire confiance. C'est lui nier le droit à une existence propre. Rien ne peut
10 justifier cela. J'imagine bien, même si on n'en a jamais vraiment parlé, que ne plus réellement avoir de parents, à son âge, ce doit être rude, encore plus quand on est fils unique, parce qu'on n'a personne à qui demander conseil pour l'éducation de ses enfants, mais merde, il y a des règles qui
15 s'imposent. Et puis même, il aurait pu en parler à ses amis, il en a des amis, il a *Tonton* Marc et *Tonton* Olivier, tous ces faux tontons dont les enfants grandissent eux aussi, même s'ils sont plus jeunes que moi (ils ont tous plus ou moins l'âge de ma sœur). Pour m'en débarrasser, j'ai promis d'y réfléchir.

20 J'ai bien vu qu'il a essayé de me parler à deux ou trois reprises, mais à chaque fois, il y avait une tierce personne, et il renonçait. De toute façon, il peut s'excuser des millions de fois, je ne varierai pas d'un iota. Je suis déçu. C'est ça, je suis déçu. Et amer. Je n'avais jamais vraiment saisi le sens de
25 cet adjectif, avant – *amer* – maintenant, je vois bien ce qu'il signifie. L'impression que le monde n'est qu'un tissu de mensonges et que la survie passe par la méfiance – comme

---

1 **se rabibocher** *fam* faire la paix – 5 **maladroit** ungeschickt – 6 **une maladresse** → maladroit – 8 **espionner** observer secrètement – 9 **nier** ne pas reconnaître, ≠ accepter – 9 **propre** qui appartient exclusivement à une personne – 12 **rude** difficile, dur – 12 **un fils unique** sans frères et sœurs – 15 **s'imposer à qn** sich aufdrängen – 19 **se débarrasser de qn** s'arranger pour que qn parte – 21 **une tierce personne** une troisième personne – 22 **renoncer à faire qc** abandonner l'idée de faire qc – 23 **pas d'un iota** pas du tout – 24 **amer** verbittert – 24 **saisir le sens de qc** comprendre le sens de qc – 26 **un tissu** *ici :* un ensemble – 27 **la survie** Überleben – 27 **la méfiance** ≠ la confiance

dans ces séries américaines que je regarde parce que tout le monde les regarde. *Desperate Housewives, Dexter, Lost*, surtout ne compter que sur soi-même pour s'en sortir. Jusque-là, elles me faisaient rire mais m'inspiraient aussi une sorte de mépris.

5 Je me disais que je ne vivais pas dans ce type de monde là. J'étais bien con. C'est exactement dans cet univers-là que j'évolue.

Avant de geler mon blog, je suis quand même allé vérifier ce qu'il y avait dessus. Ce que j'y avais écrit, depuis le tout début,

10 il y a trois ans. C'est-à-dire ce qu'il savait exactement de moi maintenant, le vieux. C'est là que je me suis rendu compte de l'étendue des dégâts – et de l'ampleur de ma naïveté. Bien sûr, je ne suis pas assez crétin pour faire figurer les photos de ma première cuite chez Alex (il y a six mois), ni aucune référence

15 aux quelques pétards que j'ai pu fumer (merci Antoine !) – j'avais toujours quelque part dans la tête que la police avait sûrement les moyens de violer les mots de passe électroniques et pouvait lire mes articles si, un jour, ils me soupçonnaient de quoi que ce soit.

20 Quand j'ai commencé mon blog, j'avais douze ans, j'étais en cinquième. Je l'ai fait pour rester dans la course. Pour imiter. Les addictions, ça commence toujours comme ça. Et puis je me souviens que je voulais épater une fille de la classe – Éléonore Rézy, je me demande bien ce qu'elle est devenue, elle

25 a déménagé à Bordeaux l'année d'après. Je voulais lui montrer tous mes exploits – la coupe que j'avais gagnée avec l'équipe de basket, ma victoire à la régate des moins de dix ans, au lac. Des conneries. Je postais des vidéos de groupes merdiques qui

---

4 **inspirer un sentiment à qn** *ici :* faire naître, provoquer un sentiment chez qn – 7 **évoluer** *ici :* passer sa vie – 12 **l'étendue** *f* la grandeur – 12 **un dégât** Schaden – 12 **l'ampleur** *f* l'importance – 13 **crétin** *vulg* idiot, stupide – 13 **faire figurer qc** *ici :* publier – 14 **une cuite** *fam* Kater – 15 **un pétard** *fam* un joint – 17 **violer** *ici :* craquer, trouver – 18 **soupçonner qn** jdn verdächtigen – 23 **épater qn** *fam* provoquer l'admiration de qn – 26 **un exploit** herausragende Leistung – 27 **un lac** See – 28 **merdique** *vulg* nul ≠ bon

ont disparu maintenant. Des photos que je croyais marrantes et qui étaient juste débiles. C'est souvent comme ça, les blogs de garçons. Des photos, des vidéos, des commentaires salaces dans une orthographe MSN. C'est tout. Les filles, c'est
5 différent. Les filles, elles développent des paragraphes avec des questions existentielles genre : « Suis-je trop moche ? », « Est-ce que le gloss de chez X, il fait trop tepu ? » Elles font leurs malignes en ajoutant des morceaux de poésies bien creuses et des citations trop littéraires, genre « J'aimerais être
10 une larme qui coule sur ta joue et meurt sur tes lèvres » avec des petits cœurs à côté. Ce qui n'empêche pas non plus les commentaires salaces et le reste.

Les garçons se fatiguent vite. Les filles se prennent au jeu.

Évidemment, il y a toujours des exceptions. Des filles qui
15 postent seulement des extraits de concert et qui abandonnent au bout de deux mois. Et des mecs qui se prennent au jeu. Comme moi.

Je me suis pris au jeu. Mon blog s'est étoffé. Du coup, à ma grande surprise, il a fidélisé mes amis, féminines surtout, bien
20 sûr, mais pas seulement. Ils sont une petite quinzaine à commenter régulièrement. Mais le plus âgé a dix-sept ans, point barre. Et aucun d'entre eux n'est de ma famille.

À cause de mon père, je me suis offert un retour en arrière. Trois ans, presque quatre. De maturation. J'ai regardé les
25 visages qui se modifiaient au cours des années – on change tellement entre douze et seize ans. Les traits qui s'affirment. Les centimètres qui poussent. Les débuts de pilosité. J'ai retrouvé aussi des gens dont je ne me souvenais plus – et cela

---

4 **salace** obscène – 7 **une tepu** *verlan et vulg* une pute *vulg* une prostituée – 7 **faire sa maligne** faire son intéressante – 8 **un morceau** Abschnitt – 9 **creux** vide de sens – 16 **au bout de** après – 16 **se prendre au jeu** auf den Geschmack kommen – 18 **s'étoffer** devenir plus riche – 19 **fidéliser** rendre fidèle (treu) – 22 **point barre** c'est ainsi et il n'y a rien à dire de plus – 24 **la maturation** Reifen – 25 **se modifier** changer – 26 **un trait (du visage)** les expressions, les lignes du visage – 26 **s'affirmer** *ici :* devenir plus net, précis – 27 **la pilosité** Behaarung

m'a fait peur. En trois ans, je suis déjà parvenu à oublier des visages que je croisais tous les jours, alors qu'est-ce que cela va être dans dix ou vingt ans ? Ou à l'âge de mon père ? Je n'aime pas ce verbe-là, *oublier*. Je voudrais toujours tout garder,
5   vivant, au creux de ma mémoire. Je ne me trouve pas très normal.

    Il me semble que les autres ados n'ont pas ce genre de problème. Ils avancent vers la lumière, ils dansent, ils chantent, ils luttent, ils crient, mais ils ne sont pas immobiles, à observer
10   le monde autour d'eux avec cette espèce de nostalgie du présent qui délave tout.

    C'est pour ça aussi, le blog. J'en suis conscient. Pour conserver. Parce que j'ai peur que tout ne nous échappe. Ne nous file entre les doigts. Et qu'un jour, nous nous retournions
15   et que nous nous apercevions soudain que nous évoluons au milieu d'un désert et que le point de départ, notre oasis, est inatteignable désormais.

    J'écris des trucs comme ça, sur mon blog. Parfois trop ampoulés. Trop dramatiques. Trop littéraires. À d'autres
20   moments, trop factuels, trop près-du-gazon. Je mélange tout – c'est une sorte de marmite dans laquelle je touille tous mes ingrédients, en espérant savoir en tirer une saveur unique. Et surtout *inoubliable*. Au fur et à mesure des années, je suis allé creuser de plus en plus profond. Je m'essaie à l'analyse des
25   rapports humains. Je ne suis pas forcément doué mais au

---

2 **croiser** voir/rencontrer – 5 **au creux de qc** dans – 5 **la mémoire** *ici* : les souvenirs – 8 **avancer** aller, marcher vers qc – 9 **lutter** résister – 9 **immobile** qui ne bouge pas – 10 **une espèce de qc** une sorte de qc – 11 **délaver qc** faire disparaître les couleurs de qc – 13 **conserver** garder en mémoire – 13 **échapper à qn** *ici* : sortir de la mémoire, ne plus se souvenir de qc – 15 **soudain** tout à coup – 17 **inatteignable** qu'on ne peut plus atteindre (unerreichbar) – 19 **ampoulé** pompeux, pédant ≠ simple – 20 **factuel** qui ne raconte que les faits, les événements – 20 **le gazon** Rasen, **trop près-du-gazon** *ici* : pas très élevé, vulgaire – 21 **une marmite** Kochtopf – 21 **touiller** *fam* mélanger – 22 **un ingrédient** Zutat – 22 **une saveur** un goût – 23 **au fur et à mesure de** tout au long de, durant – 24 **profond** tief – 25 **un rapport** une relation – 25 **forcément** obligatoirement – 25 **doué** qui a du talent

moins, j'aurais essayé. J'ai passé mes histoires d'amour à la moulinette – et parfois à la moulinette explicite. Je conçois que ça paraisse un peu exhibitionniste – et ça l'est peut-être. Je trouve, moi, que ça fait partie de l'honnêteté. Certains
5 commentateurs me trouvent un peu trash pour un mec de seize ans seulement. Ils disent que je pourrais quand même *y croire un peu* – être *davantage romantique*. Je ne réponds pas. La seule réponse possible, ce serait de leur couper l'accès à mes chroniques.
10 Je ne me mets pas en valeur. J'ai vu, en lisant d'autres blogs, que c'était un vrai risque. Le blog, ça te donne l'impression d'exister et d'être puissant, et de là à te prendre le melon, il n'y a qu'un pas – surtout quand ceux qui lâchent des coms ne font que te brosser dans le sens du poil. Moi, j'ai opté pour
15 l'angle inférieur – pour l'autodérision. Certains me font remarquer qu'en fait, c'est encore plus tordu. Que c'est de la fausse humilité pour se faire cajoler et vous savez quoi ? – je crois qu'ils n'ont pas tort. À chacun sa technique. La mienne, c'est de me déprécier constamment jusqu'à piquer la
20 curiosité des lecteurs, pour qu'ils soient tentés de vérifier mes affirmations.

Évidemment, il y a aussi des articles qui concernent mes parents, même si je ne les nomme jamais et si mon pseudo protège leur anonymat. Des tentatives de me mettre à leur
25 place. Des coups de colère contre eux, parfois.

---

1 **passer qc à la moulinette** critiquer qc avec violence – 2 **concevoir** comprendre – 10 **se mettre en valeur** se mettre au premier plan – 12 **puissant** fort – 12 **se prendre le melon** *fam* se croire, se sentir supérieur – 13 **lâcher des coms** *fam* faire des commentaires – 14 **brosser qn dans le sens du poil** schmeicheln – 14 **opter pour qc** choisir qc – 15 **l'autodérision** *f* quand on se moque de soi-même – 16 **tordu** bizarre – 17 **l'humilité** *f* Demut – 17 **cajoler** umschmeicheln – 18 **avoir tort** ≠ avoir raison – 19 **se déprécier** ≠ se mettre en valeur, en avant – 19 **piquer la curiosité de qn** rendre qn curieux (neugierig) – 20 **être tenté de faire qc** avoir envie de faire qc – 23 **nommer** *ici :* dire le nom de qn – 24 **une tentative** le fait d'essayer qc

Le fait qu'ils aient un jour accès à tout ça m'a bien traversé l'esprit, mais honnêtement, je ne voyais pas comment ils feraient et puis, je me disais qu'ils avaient sûrement mieux à faire que de m'espionner – genre, les courses, les devoirs, leurs

5 réunions d'amis et leurs hobbies passionnants. Bref, quand l'idée s'est présentée à moi, je l'ai négligée. Je sais, c'est idiot. Je n'ai jamais prétendu être extrêmement intelligent. Ceci dit, j'ai prétendu être intéressé par les rapports humains et en fait, je m'aperçois que je suis une quiche.

10 Le truc, je crois, c'est que je pensais que même s'ils étaient par hasard au courant, ils n'iraient pas jusqu'à pénétrer dans ma sphère. Qu'ils respecteraient cette intimité. Je me suis planté. Dans les largeurs.

Une partie de moi me murmure de ne m'en prendre qu'à

15 moi. Mais une autre partie se rebelle et objecte que les victimes restent des victimes et les coupables des coupables. Ce n'est pas le piéton qui se fait renverser qui est responsable de l'accident, même s'il marchait un peu trop près du trottoir.

J'arrête là, ma mère m'appelle. J'imagine qu'elle sert encore

20 de médiatrice. Je vais descendre et voir comment son mari se débrouille.

Mais ce n'est pas pour autant que je vais agir comme si rien ne s'était passé. Et ce n'est pas pour ça que je vais rompre mon vœu de silence.

25 Je ne lâcherai pas.

Je peux être une vraie plaie – je ne vais pas m'en priver.

---

1 **traverser l'esprit de qn** passer par la tête de qn – 5 **passionnant** très intéressant –
6 **négliger qc** laisser qc de côté – 9 **être une quiche** *fam* être nul – 11 **pénétrer**
entrer – 12 **se planter** *fam* faire une erreur – 13 **dans les largeurs** bien, beaucoup –
17 **se faire renverser** überfahren werden – 20 **une médiatrice** Vermittlerin – 22 **pour**
autant trotzdem – 23 **rompre** ne pas respecter – 25 **lâcher** *ici :* abandonner – 26 **être**
une plaie *fam* être une personne désagréable, pénible – 26 **se priver de qc** s'interdire
qc

5

J'AI ÉCOUTÉ SON PETIT LAÏUS. J'ai apprécié sa façon franche et directe de dire qu'il avait tort et qu'il espérait que je lui pardonnerais. Sa promesse de ne plus recommencer.

C'est étrange, ces moments-là, quand, soudain, on devient les parents de ses parents. Quand, soudain, les aînés n'assurent plus. Fugitivement, je me suis vu dans trente ou quarante ans, en train de lui rendre visite, dans une maison de repos semblable à celle où croupit sa mère. Et lui, tête folle, souriant, incapable de se souvenir de mon nom – mon visage lui dit bien quelque chose, mais le nom alors là…

C'est cette image-là, plutôt que son discours, qui m'a ébranlé. Ébranlé, mais pas au point de me faire oublier mon serment. Je ne me parjure pas, moi. Enfin, pas tout de suite.

À la fin de son speech, j'ai hoché la tête, je lui ai serré la main et je suis remonté dans ma chambre. Je me suis trouvé un peu dur. Pour être tout à fait honnête, j'ai su à cet instant-là que mon armure se fendillerait et qu'il était possible que dans un avenir plus ou moins prochain, je revienne sur mes engagements et que je lui réponde quand il me parle. C'est un bon compromis, ça. Répondre. Mais ne jamais engager la conversation. Il va falloir que j'y réfléchisse.

Donc, on en était là. Vendredi. Le dîner a été plus détendu que d'habitude. Il faut dire que mon père, ayant une réunion avec les parents d'élèves pour les évaluations nationales, n'était

---

1 **un laïus** *fam* un speech *fam* – 1 **apprécier qc** aimer qc – 2 **franc** qui parle ouvertement – 3 **une promesse** → promettre qc à qn – 5 **l'aîné** *m* le plus vieux – 5 **assurer** *fam ici* : ne pas se comporter (sich verhalten) comme on devrait se comporter – 6 **fugitivement** très rapidement – 7 **une maison de repos** Sanatorium – 8 **semblable à qc** comme qc – 8 **croupir** *fig et vulg* verwelken – 11 **ébranler qn** troubler qn – 12 **un serment** une promesse – 13 **se parjurer** ne pas respecter son serment – 14 **hocher la tête** faire oui de la tête – 17 **une armure** une protection, une défense morale – 17 **se fendiller** rissig werden – 19 **un engagement** une promesse – 20 **engager** commencer – 22 **détendu** entspannt

pas à table. Ma mère m'a demandé comment ça s'était passé, avec lui. J'ai haussé les épaules. Elle a légèrement élevé la voix en retour.

– Tu sais que tu lui fais vivre un enfer ?

5 – J'imagine.

– Et à nous aussi.

– Je réfléchis à un plan de sortie de crise.

– Merci.

Il est revenu vers vingt et une heures trente. Ma sœur
10 dormait. Ma mère regardait la télé dans le salon. J'étais allongé sur mon lit. Je tentais de m'intéresser, pour le cours d'anglais, au destin des Européens qui émigraient aux États-Unis au début du XXᵉ siècle. Je l'ai entendu monter au grenier. Les planches grinçaient. Il était juste au-dessus de ma chambre.
15 C'était difficile de se concentrer. Quand il est redescendu, j'ai enfin respiré. Voilà. Le calme, maintenant. Sauf qu'il y a eu les trois coups discrets à la porte de ma chambre. J'ai soupiré. Est-ce que j'avais vraiment envie d'écouter une deuxième salve de *mea culpa* ? J'ai hésité un moment et puis, évidemment, je
20 suis allé lui ouvrir, parce que, que je le veuille ou non, c'est mon père. Il n'était pas là.

J'ai entendu la porte du salon se refermer doucement. Il avait rejoint ma mère. Sa plus fidèle alliée. Et, sur le parquet, devant moi, il y avait un carton. Fermé. Dépoussiéré à la va-vite. Brun,
25 comme tous les cartons, avec un peu de vert. Des poignées creusées pour faciliter les déménagements. Et dessus, un cutter.

Je suis resté longtemps immobile, sur le seuil de ma chambre. Je n'étais pas sûr de comprendre. Je n'étais pas sûr de vouloir

---

2 °**hausser les épaules** mit den Schultern zucken – 13 **un grenier** Dachboden – 14 **une planche** Diele – 14 **grincer** knarren – 18 **une salve de** *mea culpa* un long discours pour s'excuser – 19 **hésiter** ne pas pouvoir se décider – 22 **rejoindre qn** aller retrouver qn – 23 **fidèle** treu – 23 **un allié** ≠ un ennemi – 24 **dépoussiéré** abgestaubt – 25 **une poignée** Tragegriff – 28 **le seuil** *ici :* l'entrée d'une pièce, le pas de la porte

comprendre, non plus. Un secret. Il devait y avoir un secret
là-dedans. Un secret paternel. Un secret qu'il voulait que je
partage. Je savais que si je prenais le cutter et que j'ouvrais le
carton, alors les choses ne seraient plus jamais pareilles. Je me
5   suis souvenu distinctement des *Contes et Légendes de la*
mythologie grecque et romaine que nous racontait notre prof
d'histoire-géo de sixième, parfois, le vendredi matin, de huit
à neuf. Je la revoyais en train de nous lire *La Boîte de Pandore*
– si tu l'ouvres, tu es foutu. Tu sauras la vérité mais la curiosité
10 est un vilain défaut et, en contrepartie, toutes les maladies et
tous les malheurs du monde se déverseront sur la Terre.

    J'ai opté pour le compromis.

    J'ai soulevé le carton – moins encombrant et moins lourd
que je ne le pensais – et j'ai pris le cutter. Je les ai posés dans
15 un coin de ma chambre. Je voulais prendre le temps de décider.
De ne pas agir à la légère. De me comporter en adulte puisque
les adultes avaient des comportements d'enfants.

    Évidemment, j'ai eu beaucoup de mal à trouver le sommeil
– alors qu'il y avait un contrôle en SVT le lendemain, et que les
20 SVT, ce n'est pas mon fort. J'avais l'impression que le carton
était phosphorescent. Qu'il me menaçait et me protégeait tout
à la fois. Je passais par toute la gamme des émotions la colère
qui me hurlait de l'envoyer se faire voir, qu'est-ce qu'il croyait ?
Qu'on pouvait m'apitoyer ? Une vilaine curiosité, bien sûr, mais
25 aussi un fond de respect. Parce que c'était un joli geste, mine
de rien. Mieux en tout cas que ce à quoi je m'attendais mieux

---

2 **dedans** à l'intérieur ≠ dehors – 2 **paternel** du père – 4 **pareil** le même –
5 **distinctement** nettement, clairement – 5 **un conte** Märchen – 9 **être foutu** *fam* être
perdu, fini – 9 **la curiosité** quand on veut absolument connaître qc – 10 **vilain**
mauvais – 10 **un défaut** ≠ une qualité – 10 **en contrepartie** d'un autre côté – 11 **se**
déverser *ici :* überströmen – 13 **soulever** *ici :* porter – 13 **encombrant** qui prend de la
place – 15 **un coin** Ecke – 16 **à la légère** sans réfléchir – 16 **se comporter** sich
verhalten – 17 **un comportement** → se comporter – 18 **le sommeil** quand une personne
dort – 19 **les SVT** les Sciences et Vie de la Terre – 21 **phosphorescent** brillant,
lumineux – 22 **une gamme** une palette – 24 **apitoyer qn** jds Mitleid erregen – 25 **mine**
de rien *fam* einfach so

que la proposition d'un week-end à Disneyland ou d'une escapade à Londres, rien que tous les deux, histoire de se donner bonne conscience et de réamorcer le dialogue.

Vers deux heures du matin, j'en ai eu marre de me tourner
5 et de me retourner dans mon lit. Je me suis demandé si mon père était parvenu à s'endormir, lui. La maison était tranquille. Dehors, il n'y avait pas de bruit non plus. Nous étions samedi matin. 4 mars. C'était inscrit en rouge sur le cadran de mon réveil.
10 Je me suis levé. Je suis allé ouvrir le carton, sans faire de bruit. J'entendais ma respiration – je la trouvais bruyante. Je pensais à ma sœur, à ma mère – à leur abandon dans le sommeil. J'avais allumé la lumière, à côté de mon bureau. J'ai plongé le bras dans le carton.

15 Le premier contact a été le froid et le lisse d'une photo. Je l'ai extirpée. Elle n'est pas venue seule. Dans ma main, trois clichés. Les couleurs ont fané, à force de rester dans l'ombre. Des visages. Un groupe d'adolescents qui pose dans un parc – au fond, des bâtiments qui ressemblent à un lycée. Ils sont
20 dans l'herbe. Trois filles devant – jeans, chaussures noires et basses, l'une porte un foulard autour du cou. Quatre garçons – deux derrière les filles, un allongé sur le côté gauche, le troisième qui fait le pitre à l'arrière-plan. Mon père n'y est pas. J'ai déjà vu quelques photos de lui dans sa jeunesse. Rarement,
25 ceci dit. Il était normal, je veux dire, ni moche, ni beau, ni grand, ni petit, pas de lunettes à double foyer ni d'appareil

2 **une escapade** un voyage court – 3 **une bonne conscience** ein gutes Gewissen – 3 **réamorcer le dialogue** réouvrir, réengager le dialogue – 8 **inscrit** écrit – 8 **un cadran** Zifferblatt – 9 **un réveil** Wecker – 11 **bruyant** → le bruit – 12 **un abandon** *ici :* le fait de se laisser aller à dormir profondément – 13 **plonger** mettre – 15 **lisse** glatt – 15 **extirper qc de qc** sortir qc de qc – 17 **faner** perdre de son intensité – 21 **un foulard** Tuch – 21 **le cou** Hals – 23 **faire le pitre** faire le clown – 26 **des lunettes à double foyer** Bifokalbrille – 26 **un appareil dentaire** Zahnspange

dentaire qui te détruit l'esthétique. Des habits passés de mode, certes, mais rien de ridicule, pas de crête, pas de cheveux rouges, pas d'épingle à nourrice, pas de foulard de trois kilomètres de long. Je me souviens que j'avais été déçu.

5 Je me penche sur la photo. Je ne connais personne. Je zappe. La deuxième, une fille qui court sur un chemin. Elle porte une robe genre hippie, violette – aux pieds, des sandales, c'est l'été. Elle s'est retournée au moment où la photo a été prise. Le photographe a dû l'appeler. Elle est trop loin pour qu'on
10 distingue bien ses traits mais elle semble plutôt jolie. Il se dégage de ce cliché une sorte de mélancolie qui me met mal à l'aise. Je passe. La troisième. Trois mecs qui parlent ensemble. Ils n'ont pas posé. Ils ont été pris sur l'instant. Celui de droite était en train d'expliquer quelque chose avec les mains et les
15 deux autres rient. Les deux autres, c'est mon père et *Tonton* Marc.

Ce n'est pas mon père qui me surprend le plus, encore que le voir avec, quoi, vingt-cinq ans de moins, cela reste surprenant. Non, celui qui m'ahurit, c'est *Tonton* Marc. Filiforme. Arborant
20 un tee-shirt avec, dessus, la reproduction de la pochette d'un album des Clash. Rieur. Détendu. Ce n'est pas l'image que j'en ai. Faut pas croire, je l'aime bien, *Tonton* Marc, malgré ce que j'ai écrit avant. Simplement, j'ai l'impression qu'il est tout le temps en train soit de soupirer, soit de lancer des commentaires
25 cyniques sur ce que font les uns et les autres. Il n'est pas gros, mais rien à voir avec le haricot vert que j'ai devant mes yeux. Pourtant, je l'ai tout de suite reconnu. Je ne sais pas pourquoi. Le profil. Le nez. L'œil qu'on voit.

---

1 **un habit** → s'habiller – 2 **une crête** Irokesenschnitt – 3 **une épingle à nourrice** Sicherheitsnadel – 5 **se pencher** *ici :* regarder avec encore plus d'attention –
10 **distinguer** *ici :* voir, reconnaître – 10 **se dégager** se libérer, sortir – 11 **mettre qn mal à l'aise** faire que qn ne se sente pas bien – 17 **surprendre qn** étonner/troubler qn –
19 **ahurir qn** surprendre qn – 19 **filiforme** mince ≠ gros – 19 **arborer** porter – 20 **la pochette** Cover – 21 **The Clash** un groupe de musique punk-rock anglais – 26 **être mince comme un °haricot vert** wie ein Strich in der Landschaft sein

Je reste un moment comme ça, assis à côté du carton. Mes yeux vont de l'une à l'autre des photos. Je me demande quels sont les liens qui les unissaient, tous.

Je souris. Je comprends ce que mon père essaie de faire. J'ai
5   vu tes photos, alors tu as le droit de regarder les miennes. Cinquante-cinquante. On est à égalité. J'espère simplement qu'il n'y a pas que ça dans le carton, parce qu'un blog, c'est beaucoup plus qu'une somme de clichés. Un blog, ça raconte. Un blog, ça vit.

10 J'hésite un moment à ouvrir le carton en grand, ce qui me permettrait d'avoir une vue d'ensemble de l'héritage paternel, mais non, finalement, je préfère me laisser surprendre. Alors je plonge la main à nouveau – cette fois-ci, je tombe sur du papier, différentes textures de papier.

15 Des lettres, bien sûr – je les laisse de côté, je n'ai pas envie de lire ce que pouvaient écrire les amis de mon père. Des lettres, encore, mais pas seulement. Une page déchirée du quotidien local – les résultats du bac, une ligne entourée au feutre rouge. Son nom. Son prénom. Sa mention Bien dont il
20 est si fier qu'il nous la ressert régulièrement, plus de vingt-cinq ans après. Des bulletins scolaires : je ne découvre pas qu'il était nul en physique-chimie, je le savais, c'est un point commun qu'il est fier de partager avec moi, de même que mon orientation probable vers le littéraire. La note de LV2 (allemand) n'est pas
25 mal non plus, j'imagine que c'est pour ça qu'il n'a pas voulu que je fasse bilangue anglais-allemand en sixième, il n'arrêtait pas de répéter que l'espagnol, c'était l'avenir. Un magazine

---

3 **un lien** une relation – 3 **unir** mettre en relation, faire le lien – 6 **à égalité** *ex aequo*, quitte – 8 **une somme** une accumulation, un tas – 11 **un héritage** Erbe – 14 **une texture** une structure – 17 **déchiré** *ici :* mal découpé – 18 **un quotidien** un journal qui sort tous les jours – 18 **entouré** umgekreist – 19 **une mention (au bac)** avoir une distinction au bac (très bien, bien, assez bien) selon la moyenne des notes – 20 **resservir qc** répéter qc – 26 **(une sixième) bilangue** quand, dès la sixième, on commence à apprendre deux langues en même temps

en papier glacé avec un dessin très alambiqué en couverture. Un titre : S+KOH. Un sous-titre : « Souffre et Potasse – journal lycéen des établissements de la ville de T. ». Une mention « Imprimé par les presses de la Renaissance. » Un prix : 2 francs.

5 Je ne sais même plus à quoi ça correspond, deux francs, pourtant, en primaire, au début, on comptait encore dans cette monnaie-là. J'imagine que ça n'était pas très cher. Dedans, un éditorial pompeux, des rubriques cinéma (« Le film à ne pas rater : *Métal hurlant* »), disques (« Les Stones sont-ils finis ? »,

10 « La vague ska », « Entretien avec Jean-Louis Pick »), spectacles (« À retenir : François Débauché au Café du Musée pour ses Impromptus »), livres (je ne connais aucun des auteurs, il semble y avoir pas mal de science-fiction, mais ce n'est vraiment pas mon domaine de prédilection). Je tourne les

15 pages. Je repère tout de suite son nom en bas de la page 7. Une nouvelle. Mon père a écrit. Je m'en doutais. L'année dernière, il en parlait avec *Tonton* Olivier, ils se moquaient de leurs tentatives avortées dans la littérature, j'étais dans le salon, je prétendais ne pas écouter, en fait, je n'en perdais pas une

20 miette. D'ailleurs, page 6, Olivier Grand est là – l'auteur de l'autre nouvelle. Je les parcours. Bonne idée, au fond. La même scène racontée par deux personnes différentes. Un mec qui sort avec une fille dans une soirée (page 6). Un autre qui les regarde et qui se verrait bien à la place de l'heureux élu

25 (page 7). Je ne suis pas assez calé sur le style, mais je vois bien que ça sonne « jeune ». Enfin « jeunevieux », avec des tas d'expressions qu'on n'utilise plus maintenant, genre « coolos »

---

1 **en papier glacé** Hochglanzpapier – 1 **alambiqué** ≠ simple – 3 **un établissement** un lycée – 4 **imprimé** gedruckt – 6 **le primaire** l'école primaire – 10 **une vague** Welle – 10 **le ska** la musique jamaïcaine des années soixante – 10 **Jean-Louis Pick** un chanteur français – 11 **retenir qc** se rappeler, se souvenir de qc – 14 **un domaine de prédilection** un domaine préféré – 15 **repérer qc** voir, remarquer qc – 18 **avorté** ≠ fehlgeschlagen – 19 **ne pas perdre une miette de qc** *fam* faire bien attention à qc, bien écouter qc – 21 **parcourir qc** *ici :* lire qc – 21 **au fond** en fait, finalement – 24 **un élu** *ici :* celui qui est choisi – 25 **être calé sur qc** être expert en qc – 27 **coolos** *fam* cool

ou « chouette ». Il y a même un « je pédale dans la choucroute » qui me reste complètement obscur.

N'empêche.

Je ressens une pointe de jalousie. J'aimerais bien voir mon
5 nom imprimé quelque part, moi aussi. Même dans un journal lycéen diffusé à deux cents exemplaires. Je ne l'avoue jamais, parce que ça fait l'autre qui rêve de son quart d'heure de célébrité, comme les candidats des jeux de téléréalité, mais au fond, je dois admettre que je serais très fier.

10 Je fais deux tas. Celui de gauche pour ce qui ne m'intéresse pas pour l'instant, et qui ne m'intéressera sans doute jamais (les lettres, les résultats du bac), et l'autre pour ce que je garde sous le coude (les photos, le magazine). Je jette un coup d'œil au réveil. Il est deux heures cinquante-trois. Je me laisse encore
15 un quart d'heure.

Je replonge.

Je commence à aimer cette apnée du bras. L'incertitude de la matière et de la texture.

Cette fois-ci, c'est une couverture cartonnée. Lisse. Des
20 pages. Un livre sûrement. Et un deuxième, un troisième, un quatrième – en pile. Je sors les volumes. Ce ne sont pas des bouquins. Je m'en doutais, en fait. Simplement, je ne voulais pas y croire. C'est d'une telle indécence. D'un tel culot. Je me recule de quelques mètres comme si ce que je venais d'exposer
25 à la lumière artificielle risquait tout à coup de prendre vie et de se transformer en insecte géant ou en génie de la lampe.

Devant moi, il y a quatre tomes. Quatre journaux intimes. Tous du même format. 21 x 12,5. Rectangulaires. Deux couleurs

---

1 **pédaler dans la choucroute** *fam* faire des efforts pour rien – 2 **obscur** ≠ clair – 4 **ressentir qc** sentir qc – 6 **diffusé** *ici :* vendu – 9 **admettre** avouer – 10 **un tas** Haufen – 13 **sous le coude** de côté, en réserve – 13 **un coup d'œil** un regard rapide – 17 **être/plonger en apnée** tauchen ohne Sauerstoffgerät – 17 **l'incertitude** *f* le fait de ne pas être sûr – 21 **en pile** en tas, les uns sur les autres – 21 **un volume** Band – 22 **un bouquin** *fam* un livre – 23 **tel** solch – 23 **l'indécence** *f* qui manque de pudeur (Schamlosigkeit) – 23 **le culot** *fam* Frechheit – 25 **artificiel** ≠ naturel – 26 **le génie de la lampe** Flaschengeist – 27 **un tome** un volume

différentes, pour la couverture. Bleu pour 1979. Noir pour 1980, 1981 et 1982. Je fais un rapide calcul. Mon père a eu quinze ans en octobre 1979. Les carnets commencent le 1er janvier et se terminent le 31 décembre. Une page par jour. Lorsqu'il a
5 commencé à les écrire, mon père était en troisième. Lorsqu'il s'est arrêté, il devait entrer en fac.

Je prends celui qui est en haut de la pile. C'est le plus récent. Il n'a que vingt-cinq ans d'âge. Une douzaine d'années avant ma naissance. J'ai la tête qui tourne. Je remarque tout de suite
10 qu'il n'est pas terminé. Il s'arrête quelque part en juillet. J'imagine qu'une fois le bac passé, plus rien n'est pareil et qu'on ne peut plus se figurer en train de remplir les pages d'un journal intime. Ou d'un blog. C'est très clair pour moi, en tout cas. Je sais que si jamais je décide de reprendre mon blog, je
15 l'abandonnerai à sa mort lente sur internet, une fois le lycée terminé. Je le verrouillerai. Il n'y a que moi et ceux qui auront le code qui pourront aller le consulter, revoir les anciennes photos, relire certains articles.

Je repose le journal de 1982. Je me demande comment il l'a
20 écrit. En cachette, sûrement. Personne ne devait être au courant. Les journaux intimes, c'est un truc de filles. On en voit encore, à l'école primaire, de ces cadeaux d'anniversaire tout roses – un agenda avec un gros cœur, une serrure et une clé dorée « pour confier tous tes secrets ». Il me semble bien
25 d'ailleurs que, parmi la masse de cadeaux qu'elle a reçue l'an dernier pour ses sept ans, ma sœur en a eu un. Je donnerais ma main à couper que c'était de mon père qu'il venait. Elle ne se rend pas compte de toute l'histoire derrière. Personne ne peut se rendre compte de toute l'histoire derrière. Sauf moi,
30 maintenant. À trois heures dix du matin, le 4 mars.

---

6 **la fac** *Abkürzung von* la faculté *fam* l'université *f* – 7 **récent** dernier – 12 **se figurer** s'imaginer – 16 **verrouiller qc** bloquer qc – 17 **consulter** regarder – 23 **une serrure** le mécanisme permettant d'ouvrir ou de fermer l'agenda – 24 **confier qc à qn** dire/écrire des choses secrètes – 26 **donner sa main à couper** *fam* en être certain

Le 4 mars de son année de seconde. En 1980, donc. Ouvrons le volume. Découvrons.

4 mars 1980

Pas trop le moral. Journée gâchée par l'apparition de Vincent
5 *M. Sylvie ne peut s'empêcher de le regarder et ça m'agace.*
Vraiment, ça m'agace. Si encore c'était un mec intéressant, je ne
sais pas, qui parlerait de voyages ou de livres ou de rock, mais
non, c'est juste un petit con avec un anorak rouge qui frime avec
ses potes et aime bien montrer qu'il a de l'argent. Le pire, c'est
10 *que je sais bien que ce qui attire Sylvie, ce n'est pas son fric. C'est*
juste physique. Il lui plaît. Et elle n'ose pas me le dire. Et moi
j'attends qu'elle me jette. Je n'ai pas le courage de rompre. C'est
nul. J'écoute Madness « You're an embarrassment ». C'est ça que
je suis, une gêne. Un embarras sur pattes. Bon, sinon, le reste,
15 *aucun intérêt. Des cours toujours aussi chiants – particulièrement*
la physique, il est vraiment con, ce type –, des potes toujours aussi
potes. On va tous chez Arnaud samedi après-midi. Il pleut
tellement que je n'ai pas pu m'installer sur la corniche.

Il y a tellement de points d'interrogation. Tellement de
20 trappes qui s'ouvrent sur du vide. Qui est Sylvie ? Arnaud ? C'est
quoi comme musique, Madness ? Qu'est-ce que c'est que cette
histoire de corniche ? Il habitait en montagne ?

Un bruit dans le couloir. Le grincement des lattes du parquet.
Ce n'est pas ma sœur, elle est moins discrète que ça. Ma mère
25 – possible, mais dans ce cas, elle ouvrirait doucement la porte
de ma chambre, entrerait pour éteindre la lumière et, en me
voyant encore debout, se mettrait en boule. Mais là, non, les
pas s'arrêtent quelques secondes devant la porte, puis repartent.
Mon père. Il a dû remarquer le filet de lumière. Il continue son

---

4 **gâché** verdorben – 5 **agacer** énerver – 8 **frimer** *fam* faire son intéressant – 10 **attirer**
qn plaire à qn – 10 **du fric** *fam* de l'argent – 12 **rompre avec qn** quitter qn –
13 **Madness** le nom d'un groupe de musique de ska anglais des années 80 – 14 **une**
gêne Last – 14 **sinon** sonst – 15 **chiant** *vulg* énervant – 18 **la corniche** (Fels)vorsprung –
20 **une trappe** une porte – 23 **le couloir** Flur – 23 **un grincement** Knarren – 27 **debout**
ici : réveillé, qui ne dort toujours pas

chemin jusqu'à l'escalier. Il va boire un verre d'eau. Il ne se demande pas ce que je suis en train de faire. Il le sait.

C'en est bien assez pour ce soir. Je range sommairement les agendas, je fourre les photos et les papiers dans le carton – j'en ai marre soudain. Je suis crevé. Je m'endors instantanément.

3 **sommairement** rapidement – 4 **fourrer** *fam* ranger – 5 **crevé** *fam* très fatigué

6

À LA LUMIÈRE DU JOUR, le carton ressemble à ce qu'il est réellement – légèrement déchiré sur le côté, poussiéreux, abandonné. Rien de magique ni d'excitant là-dedans. Je le range dans l'armoire, à côté de mes chaussures. Ma journée est chargée. Le devoir de SVT, pour lequel je ne suis toujours pas au point, un rendez-vous avec Rémy pour des cours de guitare, et Anne-So qui m'a demandé de boire un verre avec elle après les cours.

Nous y allons doucement, tous les deux. Elle sort d'une histoire « un peu compliquée », moi, je ne sors de rien, depuis six mois. Ma dernière conquête en date, Sabrine, je préfère ne pas en parler. J'étais en dessous de tout et comme elle n'était pas mieux, nous nous sommes montrés au pire de nous-mêmes. Nous étions soulagés de nous séparer. Je ne suis sorti qu'avec trois filles depuis que je suis sur le marché. Je ne parviens même pas à qualifier le temps que nous avons passé ensemble, elles et moi. Des histoires d'amour ? – mais il n'y avait pas d'amour, encore que je ne sois pas très sûr de ce que c'est, l'amour. Des passades ? Des aventures ? Des liaisons ? C'est bizarre, il n'y a que des vieux mots pour tenter de traduire cette sorte d'attachement. Il faudrait un vocabulaire novateur. Du moderne. J'ai eu ma dose d'ancien, hier soir. Aujourd'hui, je pense à moi et à moi seul. J'ai une vie à réussir, moi – je n'ai pas de vieillesse à gâcher.

---

3 **excitant** passionnant – 4 **une armoire** un meuble où l'on range ses vêtements – 5 **chargé** rempli – 11 **une conquête** une relation amoureuse – 12 **être en dessous de tout** être vraiment nul – 14 **soulagé** *ici :* libéré, content – 14 **se séparer** se quitter – 16 **qualifier** caractériser, définir – 19 **une passade** une liaison amoureuse de courte durée – 19 **une liaison** une relation amoureuse – 21 **un attachement** quand on s'attache à qn, qu'on aime bien qn – 21 **novateur** qui apporte du nouveau – 24 **la vieillesse** → vieux – 24 **gâcher** perdre

Pourtant.

Pourtant, au cours de la journée, j'y pense souvent. Et ça m'énerve. Je savais bien qu'il ne fallait pas l'ouvrir, la boîte de Pandore. Au milieu du cours d'anglais, je décroche. Le prof
5 parle de l'amitié qui lie les personnages et je revois les trois visages rieurs – Marc (je vais m'efforcer de l'appeler comme ça, maintenant, c'est fini ces conneries de Tonton/Tata) filiforme, mon père et leur pote. Pendant le contrôle de SVT, je m'évade de la reproduction des fleurs, je revois cette fille qui court sur
10 un chemin de terre et qui se retourne.

Il n'y a qu'Anne-So pour me ramener au présent. Dans le café surpeuplé où nous avions rendez-vous après les cours, nous avons réussi à trouver une place sur la banquette, près de la fenêtre. Nous avons parlé de ce que nous aimions. Elle souriait.
15 Elle m'a effleuré la main.

– Écrire aussi, tu aimes, non ?

– Pourquoi tu dis ça ?

– Je suis allée deux ou trois fois sur ton blog.

– Comment tu as eu l'adresse ?

20 – Par Marine. Ça te gêne ?

– Non. Je n'ai rien à cacher. C'est juste que mon blog, c'est devenu une espèce d'autoroute depuis quelque temps et je ne gère plus qui roule dessus ou non. De toute façon, j'ai décidé de le geler.

25 – Ah bon ? Pourquoi ?

– J'ai découvert que mon père le lisait.

– Merde ! Tu en es sûr ?

– Évidemment. Alors j'arrête tout.

– Vous en avez parlé tous les deux ?

30 – On est en rupture de communication.

---

4 **décrocher** *fam* ne plus écouter – 8 **s'évader** *fig* se libérer, sortir (*ici* : par la pensée, le rêve) – 11 **ramener** faire revenir – 12 **surpeuplé** un endroit où il y a trop de personnes – 15 **effleurer** toucher légèrement – 23 **gérer** contrôler

– J'imagine. C'est vrai que c'est pas cool.

– Non, c'est pas *coolos*.

– *Coolos* ? C'est quoi comme mot, ça ?

– Rien. Je viens de l'inventer.

5 – Tu n'as pas fermé ton compte Facebook au moins ?

– Non. J'ai tout sécurisé. Mais je ne poste plus de vidéos ni de photos.

– Moi, je vais t'en envoyer une. De nous. De la fête chez Morgan. Tu verras.

10 Je ne suis pas allé plus loin. Je n'ai pas expliqué. Je n'ai pas mentionné le carton et son contenu. Je ne vois pas à qui je pourrais en parler. Pas même à Bastien, qui est pourtant mon meilleur ami depuis deux ans. C'est pour ça sans doute que j'écris. Parce que tant qu'à faire, quand on ne peut partager

15 l'intime avec personne mais qu'on ne se sent pas capable de garder des secrets, alors autant viser l'anonymat, tout le monde, personne, un « vous » général dans lequel on se noie.

J'écris sur mon ordinateur, dans ma chambre. C'est comme si je m'extrayais du reste du monde. Du coin de l'œil, je surveille

20 le carton, en bas de mon armoire ouverte. J'attends l'heure. L'heure tardive où tout le monde est couché et où plus personne ne viendra me déranger. J'ai rendez-vous, ce soir.

---

6 **sécuriser qc** rendre qc de sûr – 11 **le contenu** ce qui est à l'intérieur de qc – 16 **viser qc** *ici :* chercher qc – 17 **se noyer** se perdre – 19 **s'extraire** s'échapper, sortir – 22 **déranger qn** troubler qn dans une activité

7

DANS L'ENSEMBLE, c'est totalement inintéressant. J'ai négligé le premier agenda – enfin, je l'ai survolé, mais vraiment, quand on est au collège, il ne se passe pas grand-chose ! – pour me concentrer sur les années lycée. J'ai pris le premier carnet noir, celui de l'année 1980. Au départ, il n'y a que quelques lignes sur les pages. Des trucs comme on en trouve sur les blogs maintenant. Du factuel. Du style télégraphique. Du superficiel. Je prends au hasard.

11 février – Après-midi sympa avec Sylvie. Ce matin, colère noire de la prof d'histoire-géo. Elle a trouvé les commentaires sur documents nuls et nous les a fait refaire comme interro. Connasse. Ai reçu une lettre de Valérie Gouvier – elle s'ennuie à Montpellier. Je me passe « Message in a Bottle » de Police en boucle. J'ai l'impression que je m'ennuie. C'est bizarre comme phrase, non ? Soit on s'ennuie, soit on ne s'ennuie pas. Mais là, c'est juste une impression. Une attente.

Il y a des noms qui reviennent sans cesse, mais aucun ne me dit quoi que ce soit. Ce qui est rigolo, c'est qu'à la fin de cet agenda transformé en journal intime, il y a une série de noms et d'adresses en fait, il s'en servait également comme répertoire téléphonique. C'est comme un lexique, dans les méthodes de langue vivante. Quand tu veux en savoir un peu plus sur un prénom, tu te reportes aux dernières pages et tu parcours la liste. *Francis Bret, 14, rue Édouard-Vaillant. Sylvie Baire, 35, rue des Termes. Bordiaux Arnaud, 5, ruelle des Chats.* Trois pages de noms. À peu près quatre-vingts références. Soit mon père était extrêmement sociable et populaire, soit il collectionnait

---

2 **négliger** *ici* : ne (presque) pas regarder – 2 **survoler** *ici* : lire rapidement – 8 **superficiel** des choses sans intérêt, sans importance – 11 **une interro** *fam* une interrogation, un test – 12 **une connasse** *vulg* une femme stupide, idiote – 12 **s'ennuyer** → l'ennui *m* – 13 **Police** un groupe de rock anglais – 13 **en boucle** sans cesse (ständig wiederholt) – 17 **sans cesse** sans arrêt, toujours – 18 **rigolo** drôle, qui fait rire – 20 **un répertoire téléphonique** *ici* : un carnet de numéros de téléphone – 23 **se reporter à qc** regarder dans qc – 27 **sociable** ouvert aux autres

les coordonnées des autres dans les deux cas, cela signifie qu'il avait peur d'être seul. C'est sans doute à cause de sa condition d'enfant unique. Les enfants uniques, ça cherche toujours des frères partout.

5 Tout à l'heure, je me suis retrouvé à lire toute cette liste de noms à haute voix. *Maille Catherine, 29, avenue Anatole-France. Nadet Laurence, 3, rue André-Massin.* C'est hypnotique, au bout d'un moment. C'est une invocation. On a l'impression que, d'un instant à l'autre, les esprits vont renaître et faire la ronde 10 autour de soi. Je les fais revivre. Je leur donne mon souffle.

Je me demande combien, là-dedans, sont morts. Peut-être pas tant que ça après tout. Mon père n'a que quarante-cinq ans. Ce n'est pas une génération qui a connu de grandes épidémies ni de guerre. Il y a sans doute eu un ou deux 15 accidents de la route et une ou deux crises cardiaques, mais les autres doivent toujours être de ce monde. Je vais faire des recherches sur internet, mais pour les filles, ça va être difficile. Dès qu'elles se marient, elles meurent à leur ancienne vie et disparaissent pour se réveiller avec un nom tout neuf et 20 une existence vierge – alors qu'elles ne le sont plus depuis longtemps.

J'ai réussi à mettre quelques noms et adresses sur quelques prénoms qui apparaissent souvent dans le journal, et même parfois à les faire correspondre à des photos – mais cela ne 25 rend pas l'ensemble plus passionnant.

C'est même affligeant de platitude.

Je me suis moqué plusieurs fois du style – il hésite entre faire dans le saccadé et plonger dans de longues phrases alambiquées. De ses références pourries. De sa façon de décrire

---

1 **les coordonnées** *fpl* le nom, l'adresse, le numéro de téléphone d'une personne –
8 **une invocation** une litanie – 9 **un esprit** Geist – 9 **faire la ronde** former un cercle –
15 **une crise cardiaque** Herzanfall – 20 **vierge** jungfräulich, *ici :* nouveau – 23 **apparaître**
≠ disparaître – 26 **affligeant** triste – 26 **la platitude** la banalité – 28 **le saccadé** *ici :* les
phrases courtes et irrégulières – 29 **alambiqué** compliqué, tordu – 29 **pourri** *ici :* nul

ses états d'âme. Heureux. Pas heureux. Déprimé. Hyper-déprimé. Un lexique de gamin de primaire.

Je me suis moqué, donc, et j'ai trouvé ça ennuyeux au possible. Et pourtant. J'y reviens. J'y reviens sans cesse. Je ne
5 parviens pas à me l'expliquer. C'est le même type d'addiction que pour les émissions de téléréalité. Il ne se passe rien, mais tu as quand même envie de connaître la suite. C'est très curieux. Ça me déstabilise. Je me sens ferré par la *Secret Story* de mon père. Ce n'est quand même pas très glorieux.

10 Ceci dit, je suis retourné sur mon blog, pour faire à nouveau le tour du propriétaire. Je suis remonté aux premiers articles. C'est à tomber par terre de nullité. Ce sont les articles où je me sens encore obligé d'écrire « lol » ou « mdr » tous les trois mots, de souligner l'ironie avec des accents circonflexes (« quelle
15 surprise ^^ ! »), et de poster des photos de séries télévisées ou de mannequins. Je me souviens que je m'autocensurais, au début. Je m'empêchais consciemment de développer une phrase complexe. Je voulais que ce soit *fun*, que ce soit jeune, que ça soit dans le *move*, dans la *vibe*, dans la *wave* de ma
20 *life*.

C'est sûrement ça, grandir – abandonner petit à petit tous les attributs qui font de toi un des pions de ta génération pour aller plus profond et découvrir ce qui fait de toi un être unique. *Aller vers l'individualisation, et non vers l'individualisme.* Je
25 n'invente rien – c'est ce que le prof de français a dit, l'autre jour, en parlant de l'évolution du roman. Je m'en souviens parce que j'ai noté la phrase, alors que jusque-là, je n'avais dessiné que des formes géométriques. Plus les mois passent, plus mes articles s'enrichissent et moins j'utilise des *kiffe* et des

---

1 **un état d'âme** die seelische Verfassung – 3 **ennuyeux** ≠ intéressant – 8 **déstabiliser** perturber, troubler – 8 **se sentir ferré** se sentir prisonnier – 12 **c'est à tomber par terre de nullité** c'est vraiment très nul – 13 **mdr** mort de rire, lol – 27 **jusque-là** bis dahin – 29 **s'enrichir** devenir plus riche – 29 **kiffer qc/qn** aimer bien qc/qn

mouhahaha. Quand la phrase s'allonge, la peau se dévoile. En me cachant sous les mots, je mets en scène le plus impudique des strip-teases.

J'ai arrêté de lire tout à l'heure parce que je suis tombé sur
5 deux éléments importants et que je sens que l'histoire va se précipiter. Je le sens parce qu'après le 14 avril, les pages commencent à être plus fournies. Tellement fournies d'ailleurs que mon père déborde, par moments. Il arrache une page de cahier de brouillon, il y gribouille ce qui ne tient pas sur
10 l'agenda et il la colle sommairement. Avec le temps, la colle s'est asséchée et les feuilles sont redevenues volantes. Quelques-unes se sont échappées quand j'ai pris le carnet, la première fois. Je crois que j'ai retrouvé leurs places d'origine.

Mon père est conservateur – au sens premier. À la fin du
15 journal, après les litanies de noms et d'adresses, on trouve des tas de souvenirs qui ne font sens pour personne d'autre que lui – et encore, un « lui » jeune car, si ça se trouve, aujourd'hui, il ne se rappelle rien –, un billet de train pour Paris soigneusement plié, une convocation au bac de français, une
20 photo en noir et blanc tirée d'un film que je n'ai jamais vu (Giulietta Masina – *La Strada*, de Fellini), une carte postale représentant une Terre qui saigne et dont le sang tombe dans un encrier. J'ai été à deux doigts de lui demander de m'expliquer pourquoi il avait gardé tout ça, mais je me suis
25 repris au dernier moment. Je ne dois pas oublier qu'il a déterré la hache de guerre même si maintenant il veut me faire fumer le calumet de la paix. Je n'oublie pas mon vœu de silence.

---

1 **se dévoiler** se montrer – 2 **impudique** schamlos – 5 **se précipiter** prendre un rythme plus rapide – 7 **fourni** rempli – 8 **déborder** *ici :* dépasser la limite physique de la feuille de l'agenda – 8 **arracher** enlever – 9 **gribouiller** écrire de manière confuse et maladroite – 11 **s'assécher** devenir sec – 12 **s'échapper** *ici :* tomber – 19 **une convocation** → convoquer (auffordern) – 22 **saigner** perdre du sang – 23 **un encrier** Tintenglas – 24 **se reprendre** réagir, reprendre le contrôle de soi – 25 **déterrer la hache de guerre** déclarer la guerre à qn – 26 **le calumet de la paix** die Friedenspfeife rauchen

À la limite, ce que je pourrais faire, sans me trahir, c'est lui écrire une lettre. Oui, mais j'ai la flemme.

Et puis j'ai beaucoup de lecture – surtout maintenant que Sylvie vient de le quitter et qu'il a rencontré *Tonton* Olivier –
5 pour la première fois, la mention d'un nom que je connais. *Tonton* Olivier. Nous sommes partis en vacances quelquefois avec lui, sa femme (*Tata* Isabelle) et sa fille, qui doit maintenant avoir dix ans. Pour moi, il a les cheveux poivre et sel et des rides profondes sur le front. Sinon, en fait, il n'a pas énormément
10 changé. Il ressemble aux photos de lui jeune – en vieux. Un vieux jeune homme.

La lettre, on verra ça quand j'aurai fini.

Ou pas.

1 **trahir qn** jdn verraten – 2 **avoir la flemme** faul sein – 8 **une ride** Falte – 9 **le front** Stirn

8

TOUT S'EST PASSÉ EN MÊME TEMPS, apparemment. Mon
père – j'aurais tendance à l'appeler Philippe, maintenant, ce
n'est plus la même personne, c'est curieux – s'est fait larguer,
parce que la dénommée Sylvie était attirée par quelqu'un
5   d'autre (le fameux Vincent M.) et, sujet à la déprime (toujours
les mêmes adjectifs qui reviennent, je ne sais pas ce qu'il foutait
en littéraire, mais c'est pauvre en vocabulaire), il est sorti avec
une bande de copains de sa classe, qu'il ne fréquentait pas
jusqu'alors. Et là, la révélation. Philippe (donc) découvre qu'on
10 peut s'amuser en dehors du couple et que les autres nous
réservent souvent des surprises intéressantes. Le voilà parti à
picoler (une nouvelle passion pour la vodka orange – c'est un
truc que je n'ai jamais pu avaler, je trouve ça infect), à se
promener dans les rues la nuit avec ses potes, à écouter les
15 confidences des filles seules ou non, à lire des livres dont il
n'avait jamais entendu parler (*Sur la route* de Kerouac, le vieil
exemplaire en format poche est dans le carton, avec un autre
bouquin dont le titre me dit quelque chose – *L'Attrape-Cœurs*,
de Salinger), à chanter en accompagnant Olivier qui joue de la
20 guitare, à échanger ses impressions sur les disques qu'il achète
et qu'il écoutait seul jusqu'à présent – Pink Floyd, Genesis,
les Clash –, c'est marrant, je ne l'imagine pas un seul instant
en train d'écouter les Clash. C'est tellement… remuant, et
vivant aussi, j'aime bien, j'en ai téléchargé des titres pas plus
25 tard que le mois dernier. Bref, Phil entre de plain-pied dans
l'adolescence. Alléluia !

---

2 **avoir tendance à faire qc** dazu neigen, etw zu tun – 3 **larguer qn** *fam* quitter
qn – 4 **dénommé** qui a pour nom – 6 **foutre** *vulg* faire – 8 **fréquenter qn** se retrouver
régulièrement avec qn (un/e ami/e ou un/e amoureux/se) – 11 **réserver** *ici :* apporter,
destiner – 12 **picoler** *fam* boire beaucoup d'alcool – 13 **infect** très mauvais – 16 **Kerouac**
un écrivain américain – 19 **Salinger** un écrivain américain – 23 **tellement** + *adj*
dermaßen – 23 **remuant** turbulant – 24 **télécharger** herunterladen – 25 **de plain-pied**
complètement

C'est idiot, c'est ridicule, mais je m'attache aux personnages – et à l'intrigue aussi, même si je sais qu'il n'y en a pas vraiment. C'est d'autant plus facile que le style s'améliore, il était temps. Le narrateur gagne en profondeur. En légèreté aussi. Il a même
5 réussi à me faire rire en racontant par le menu comment il s'était fait pincer au café du coin par le proviseur adjoint alors qu'il était censé être en cours. La description de la scène est très réussie.

Il a les mêmes yeux qui fusillent que mon père. Et moi, tout
10 *petit, tout moche et tout rouge alors que je me voudrais insolent et rebelle. La honte. Encore un truc que je ne raconterai jamais – d'ailleurs, je vais peut-être pratiquer la censure et enlever cet épisode-là. Je ne voudrais pas ternir la réputation de La Légende de Duluoz de T.*

15 Si j'ai bien compris, Duluoz, c'est le héros de *Sur la route*, son bouquin de chevet, faudrait que j'y jette un coup d'œil.

Je m'attache tellement que j'en oublie parfois ma propre existence.

Tout à l'heure, j'étais avec Anne-So et, à un moment, elle m'a
20 passé une main devant les yeux.

– Pardon. Je n'étais pas là.

– Fatigué ?

– Pas dormi de la nuit.

– À cause de moi ?

25 – Évidemment.

– Non. Sérieusement ?

– C'est trop long à t'expliquer.

– C'est bien une réplique de mec, ça. Je pensais que tu te glorifiais de ne pas être comme les autres garçons.

---

2 **une intrigue** une histoire – 3 **s'améliorer** devenir meilleur – 4 **gagner en profondeur** devenir plus profond – 4 **la légèreté** ce qui n'est pas sérieux – 5 **par le menu** en détails – 6 **se faire pincer** *fam* se faire attraper – 6 **adjoint** second – 9 **fusiller qn (du regard)** regarder qn méchamment – 10 **insolent** frech – 12 **pratiquer** *ici :* faire – 13 **ternir la réputation de qc** donner une mauvaise réputation (Ruf) à qc – 16 **un bouquin de chevet** un livre lu et relu – 28 **une réplique** une réponse – 29 **se glorifier** sich rühmen

– Non, prétendre être différent, c'est juste une technique de drague. Les filles se sentent rassurées quand on leur dit ça.

– Je ne suis pas « les filles ».

– Je sais.

5 J'ai souri. Et pour la toute première fois, je me suis penché au-dessus de la table du café et je l'ai embrassée. Doucement. Lentement. Et pendant le baiser, je pensais : « Nous sommes si fragiles, nous sommes si éphémères. »

J'ai senti monter le frisson – des cuisses jusqu'au cou. C'était 10 la première fois qu'embrasser me faisait cet effet-là.

Quand je me suis assis à nouveau, j'ai vu qu'il s'était passé quelque chose pour Anne-So, aussi. Elle tremblait un peu. Je me suis rendu compte que j'étais au bord des larmes. Elle a pris sa main dans la mienne. Elle a murmuré « Oh mon Dieu », et 15 c'est tout. Nous sommes restés longtemps, immobiles, à nous regarder.

C'est un peu plus tard qu'Anne-So a tout sorti.

Je connaissais la majeure partie de l'histoire, mais ce qui est différent, maintenant, c'est que j'en fais partie. Anne-So a un 20 mec. Depuis deux ans. Ils sont passés par tous les états de la relation, *on fusionne, on est les mêmes, on voit tout de la même façon ; je te déteste, tu m'as trahie, je ne sais pas comment j'ai pu imaginer une seconde que, c'est fini, terminé, over ; je ne peux pas te perdre, ça me fait trop mal, reprenons ensemble depuis le* 25 *début ; ça monte, ça descend, c'est un vrai roller-coaster, j'ai mal au cœur.*

À la fin de l'année dernière, les parents de Julien, puisqu'il s'appelle Julien, ont déménagé à Nantes. Quatre cents kilomètres. Les amoureux ont beaucoup pleuré, ont beaucoup 30 juré, promis, craché, si je t'oublie, je vais en enfer. Il y a eu aussi

---

2 **se sentir rassuré** se sentir en sécurité, bien – 8 **éphémère** qui ne dure pas – 9 **un frisson** un tremblement accompagné d'une sensation de froid – 9 **une cuisse** la partie supérieure de la jambe – 12 **trembler** zittern – 18 **la majeure partie** la plus grande partie – 24 **reprendre** recommencer – 30 **promis, juré, craché** enfantin indianer Ehrenwort

des tentatives avortées de fugues, des chantages au suicide, mais la volonté des parents, lorsqu'elle est économique (le père de Julien avait enfin retrouvé du boulot après dix-huit mois de chômage), est inébranlable. Anne-So est allée passer quelques jours chez les parents de Julien, pendant les vacances. Julien a rendu visite à Anne-So à Noël. Dans les deux cas, cela ne s'est pas bien passé. Parce qu'il y avait tous ces adultes autour, dans un nombre de mètres carrés insuffisant pour que tout le monde se sente à l'aise. Parce que la géographie, qu'on le veuille ou non, introduit entre eux de la distance. Parce qu'ils ne marchent pas vraiment ensemble, il y en a toujours un en avance ou en retard par rapport à l'autre. Parce que, lorsqu'ils lancent des prénoms dans la conversation, l'autre ne sait plus nécessairement de qui on parle. Ils se textent, ils se donnent des nouvelles *via* Facebook, ils s'MSN – ils se téléphonent rarement. La voix, c'est déjà de l'incarnation. Elle crée un trouble, une émotion. Elle déstabilise.

– Des lettres ?

C'est moi qui ai parlé. J'étais en train de penser au moment où j'ai plongé le bras dans le carton – le contact du papier, des différentes textures, les enveloppes, les timbres, le papier granuleux, le lisse. Et au moment où je les ai sorties, les lettres. Les adresses délavées qui, malgré le temps, prouvaient une existence. M. Philippe B., rue Brossolette, T.

Anne-So, qui avait les yeux braqués sur la rue, de l'autre côté de la vitre du café, s'est retournée vers moi. Elle a ri. Elle m'a demandé de répéter. J'ai enlevé le point d'interrogation. J'ai remis un sujet, un verbe. Je n'avais pas besoin de faire tout ça. Elle avait très bien compris ce que j'avais dit.

---

1 **une fugue** quand on fuit sa maison, qu'on quitte sa famille – 1 **un chantage** Erpressung – 2 **la volonté** → vouloir – 4 **le chômage** Arbeitslosigkeit – 4 **inébranlable** solide, ferme – 8 **insuffisant** *ici :* trop petit – 10 **introduire** *ici :* mettre – 21 **une enveloppe** Umschlag – 21 **un timbre** Briefmarken – 22 **granuleux** körnig – 23 **prouver** beweisen – 25 **braqué** *pour les yeux* regardant fixement qc – 26 **une vitre** une fenêtre

– Vous ne vous écrivez pas de lettres ?

– Plus personne n'écrit de lettres !

– Si, moi.

– Sérieux ?

5   – Évidemment.

– Pourquoi ?

– Parce qu'avec une lettre, tu as le temps. Tu n'es pas interrompu par l'autre. Tu peux aller jusqu'au bout de ta pensée. Tu peux dériver. Tu dévoiles ce que tu as en toi, petit

10 à petit.

– J'aurais dû m'en douter.

– De quoi ?

– Ton blog, il est comme toi. Il est surprenant. Tu le lis, et c'est comme si tu rentrais dans un autre univers. Un truc de

15 charmeur de serpents.

– Ce qui voudrait dire que tu es un serpent.

– Et que tu veux m'hypnotiser.

– T'arracher des bras du Sultan de la place.

– C'est déjà fait.

20 – Je n'en suis pas sûr.

– Embrasse-moi encore.

Tandis que nos lèvres se retrouvaient, je me suis dit que j'étais gonflé tout de même. Je ne crois pas avoir écrit une seule lettre de ma vie. Quelques cartes postales, oui, écrites à la va-

25 vite sous un parasol, aux grands-parents maternels et, parfois (rarement), à des copains. Il va falloir que je m'y mette. Je dois insuffler de la vie au mensonge que je viens de proférer. Insuffler de la vie. C'est ce qu'elle me fait, en ce moment même, Anne-So, sans le savoir. Elle m'insuffle de la vie.

30 Je ne me suis jamais senti aussi vivant.

9 **dériver** ne pas suivre la direction prévue – 15 **un charmeur de serpent**
Schlangenbeschwörer – 22 **tandis que** pendant que – 23 **gonflé** dreist – 25 **un parasol**
qui protège du soleil – 25 **maternel** → la mère – 27 **insuffler la vie** donner vie –
27 **proférer** dire

9

JE SUIS RENTRÉ PLUS TÔT QUE PRÉVU. Il y avait tout le monde au bar, Thierry, Marc, Christine, Véro, Valérie, François, Olivier, bref tout le monde, quoi. Les discussions partaient dans tous les sens. J'aime bien cette ambiance-là, quand on a du mal
5 *à suivre une conversation à cause du brouhaha. Quand la fumée des cigarettes sature l'air. Je m'y sens exactement à ma place. C'est là qu'elle est, la vie. Je me suis laissé bercer. C'était bon, d'autant qu'on ne me demandait pas de participer. Je regardais par la vitre. Les voitures qui passaient. Le crépuscule qui descendait.*
10 *Je ne sais pas exactement ce qui s'est passé. En écrivant dans ce carnet, je cherche à comprendre. J'ai pensé à Olivier et Véro, qui sont ensemble maintenant alors que pendant longtemps, j'ai cru que c'était de moi dont elle était amoureuse. Ce n'est pas grave. J'ai pensé à Sylvie dont j'ai des nouvelles indirectement. Elle n'est*
15 *pas sortie avec Vincent M. finalement, mais elle serait avec un mec plus vieux, un étudiant. Ce n'est pas grave. C'est la phrase que je me répétais. Ce n'est pas grave, rien n'est grave, tout cela passera, un jour, je ne m'en souviendrai même plus, des petits gestes, du son des voix, des visages, de ma solitude, un jour, tout*
20 *ça me semblera sans importance. Sur le trottoir d'en face, il y avait une femme d'une quarantaine d'années. Elle hésitait à traverser la rue. J'ai croisé son regard, et elle m'a souri. Et d'un seul coup, j'avais chaud, j'avais trop chaud. J'avais les larmes aux yeux aussi – bêtement. Parce que je me suis vu dans son*
25 *corps à elle, dans une vingtaine d'années. Je me suis levé rapidement. J'ai bousculé quelques personnes et Olivier m'a demandé ce qui se passait. Dehors, je me suis mis à courir. À courir jusqu'à la maison. Il était à peine six heures. J'avais du temps encore avant le retour des parents. J'ai hésité à me faire un*

---

1 **tôt** ≠ tard – 1 **prévu** annoncé – 5 **le brouhaha** le bruit confus d'un groupe de personnes, d'une foule – 6 **saturer** remplir complètement – 7 **bercer** wiegen – 9 **le crépuscule** quand le soleil se couche – 19 **la solitude** le fait d'être seul – 28 **à peine** *ici :* (tout) juste

pétard, avec le reste de la barrette de samedi dernier. Mais non,
ce n'était pas de ça dont j'avais envie. J'ai enfilé une feuille dans
la machine à écrire que Fred m'a donnée le mois dernier et j'ai
commencé. Je ne sais pas ce que j'ai commencé. Un récit, une
5 *nouvelle, un roman, des bribes, ça n'ira sûrement nulle part,*
mais j'avais besoin de garder ça. Le fugace. L'air du temps.
C'est ce que je fais dans cet agenda, de plus en plus, mais là,
j'avais besoin d'autre chose. Des personnages transparents. Des
morceaux de vie à suivre. Un monde dans lequel je serais le
10 *centre. Au bout d'un moment, j'ai commencé une histoire qui*
n'en est pas une. J'ai raconté ce qui est arrivé samedi dernier,
lorsque je dansais avec Laurence et que j'ai vu Olivier embrasser
Véro. Le sourire que je me suis efforcé de garder. La trouille, au
fond, de perdre plus que la fille que j'aime. De perdre aussi mon
15 *meilleur ami. Cette peur qui est toujours là, ancrée. Et la*
souffrance qui est la mienne, tous les jours, alors que je passe
mon temps avec eux. C'est pour ça que je veux du monde, plein
de monde, des visages, des mains, des paroles, de la chaleur
humaine – et en même temps, je voudrais me détacher, rencontrer
20 *de nouveaux amis, un nouvel amour, prendre un nouveau*
départ. Quand j'ai arrêté d'écrire, je me suis dit que la fiction,
c'était peut-être ma façon de réduire la souffrance. De la
maîtriser. Et surtout, de n'être jamais seul.

C'est la première fois que Philippe m'émeut. Au fur et à
25 mesure de la lecture, mes poils se sont hérissés. J'ai été obligé
de regarder le plafond.

C'est la première fois aussi qu'il délaisse les faits pour se
concentrer sur les sentiments, les impressions.

Putain de merde.

---

1 **une barrette** un morceau de shit – 2 **enfiler** mettre – 5 **une bribe** un petit morceau –
6 **le fugace** ce qui ne dure pas, ≠ permanent – 13 **la trouille** *fam* la peur – 15 **ancré** fixé
solidement – 22 **réduire qc** rendre qc moins fort – 23 **maîtriser** contrôler –
24 **émouvoir qn** provoquer chez qn des émotions fortes – 25 **un poil** Körperhaar –
25 **se hérisser** *pour des poils* se lever

Je me suis levé. J'ai tourné dans ma chambre. Je me suis assis sur le lit. J'ai pris une décision. Je l'ai abandonnée lorsque ma main a touché la poignée de la porte. Non. Pas encore. J'ai écouté le silence de la maison. La respiration de ma sœur, dans
5 la chambre d'en face. Elle dort toujours avec son doudou et son pouce et, de temps à autre, on entend encore le grelot de son doudou qui s'agite. Celles de mes parents, un peu plus loin.

Je suis retourné dans mon antre. J'ai repris le magazine en papier glacé. *S+KOH*. J'ai relu les deux histoires.
10 Où est-ce que c'est parti, tout ça ?

Est-ce qu'il lui arrive encore d'écrire, sur son ordinateur, quand tout le monde est sorti ou croit qu'il travaille ? Est-ce qu'il a simplement abandonné ? Est-ce que l'inspiration l'a quitté ? Est-ce qu'il y pense encore, à cette joie qui le tenaillait,
15 à cette fièvre ?

J'ai vérifié qu'il ne s'agissait pas d'un feu de paille, même si, au fond de moi, j'étais sûr de la réponse. Dans son journal, à partir de cette date-là, il parle de l'écriture à intervalles réguliers. Il se met à écrire des nouvelles et, de plus en plus
20 fréquemment, la page de l'agenda se divise en deux – les gens qu'il a rencontrés et ce qu'il a fait de sa journée, en haut, et en bas, sa seconde vie – ce qu'il ressent quand une histoire avance ou se bloque, ses frustrations, ses désirs, ses plaisirs, ses agacements, ses coups de déprime. Parallèlement, les
25 personnages de son existence réelle prennent de l'ampleur. Parfois, une feuille intercalée en tente une description. Ses liens avec Olivier faiblissent un peu du fait de cet amour contrarié, il rencontre Marc, avec lequel il s'entend bien

---

5 **un doudou** Kuscheltier oder Schnuffeltuch – 6 **le pouce** Daumen – 6 **un grelot** *fam* une boule métallique qui fait du bruit – 7 **s'agiter** bouger, se mettre en mouvement – 8 **un antre** un lieu où l'on se sent bien – 14 **tenailler** faire souffrir qn physiquement ou moralement – 15 **une fièvre** *ici :* une très grande envie – 16 **un feu de paille** qc qui ne dure pas – 20 **fréquemment** souvent – 24 **un agacement** quand on est énervé – 26 **intercalé** placé entre deux – 27 **faiblir** perdre de sa force – 27 **un amour contrarié** un amour qui ne peut pas se réaliser car il n'est pas partagé

d'emblée. Une évidence. Ils vont au concert des noms de groupes punk-rock dont je n'ai jamais entendu parler, Essence 3, Les Déglingos, Farenheit, Dead and Scary. Ils vont au cinéma. Ils lisent des livres. Ils rêvent de partir aux States,

5 en Inde, ou en Chine – ils ambitionnent d'acheter une R6 d'occasion pour mener à bien leurs projets. Ce sont des hippies-punks – un mélange improbable dans ce tout début des années 1980. Ils sortent avec des filles, brièvement. Marc tombe amoureux d'une Élise – Philippe d'une Anne. Ils font des

10 soirées et décident que l'année après le bac, ils partageront une maison. Ils inventent la colocation avant l'heure en fait, ils ne font que la fantasmer.

1 **d'emblée** tout de suite – 5 **ambitionner** avoir le désir/le projet de faire qc – 5 **une R6** une voiture française de la marque Renault – 7 **improbable** invraisemblable, auquel il est difficile de croire – 11 **la colocation** quand plusieurs personnes partagent un appartement/une maison – 12 **fantasmer** *ici :* rêver

56

10

J'AI MAINTENANT L'IMPRESSION DE LES CONNAÎTRE, tous. Ils sont ma compagnie nocturne. Je les retrouve chaque soir et, chaque matin, je vais à la rencontre de ceux qui peuplent réellement ma vie.

5 Parce que depuis peu, au lycée, je vais vers les autres – ce que je n'ai jamais réellement fait jusqu'à présent. J'ai lancé une idée saugrenue mais fédératrice, qui prend de l'ampleur. J'ai envie que nous organisions des pique-niques géants, là, dans la cour, sur l'herbe, ou dans le parc un peu plus loin. Pour tous 10 les lycéens. Tout le monde semble emballé. Je deviens une force centripète, j'attire à moi les éléments disparates. Anne-So m'emboîte le pas. Elle dit que je la surprends. Elle dit que je lui donne de l'énergie. Elle a définitivement rompu avec Julien.

Nous appelons ça le PNU – le pique-nique urbain. Nous 15 nous distribuons les rôles pour rire – président, premier ministre. Je deviens porte-parole. Nous créons des affiches. Nous contactons l'administration. Nous demandons des autorisations. Nous dévoilons notre slogan « Fous Ensemble ». Nous organisons deux pique-niques en avril. L'intendant fait 20 la gueule, rapport à la cantine. Je me fais de nouveaux amis. Je partage mon temps libre entre Anne-So, Jérémy, Clément et les autres. Évidemment, entre les cours, la mise en place des PNU et mes nuits écourtées, je fatigue – et mes résultats s'en ressentent. Mais je m'en fous. Je sens la vie qui coule dans mes 25 veines – la vie et toutes ses passions. Toutes ses couleurs vives. Je ne veux jamais être une photo aux teintes délavées. Je ne veux pas finir au fond d'un carton, dans un grenier. Je ne veux pas avorter mes rêves.

2 **la compagnie** → accompagner – 2 **nocturne** → la nuit – 4 **peupler** remplir, occuper – 7 **saugrenu** fou, bizarre – 7 **fédérateur** qui réunit, met en relation des personnes – 10 **emballé** enthousiasmé – 11 **centripète** → le centre – 11 **disparate** divers, différent – 12 **emboîter le pas à qn** suivre qn – 15 **distribuer** *ici :* donner – 16 **un porte-parole** une personne qui parle au nom d'un groupe – 19 **un intendant** Verwaltungsdirektor – 19 **faire la gueule** *vulg* faire la tête – 20 **rapport à qc** wegen – 23 **écourté** devenu plus court – 26 **une teinte** une couleur

Je n'ai toujours pas parlé à Philippe. Il m'agace, maintenant – mes sentiments à son égard suivent un mouvement de balancier que je ne maîtrise pas vraiment. Je ne le comprends pas. Ou plutôt, je le comprends bien, quand il avait mon âge.

5 C'est la suite que je ne capte pas. Est-ce que vraiment grandir, vieillir, se marier, avoir des enfants, ça te coupe de tout ce que tu souhaitais devenir ? Est-ce que c'est à cause de moi et de ma sœur qu'il a renoncé à tout ? Je commence à le croire. Je commence à le maudire. Parce que si c'est le cas, alors je suis

10 coincé. Je suis celui par qui le malheur arrive et dont la naissance a signé l'acte de décès des rêves de son père. Si c'est le cas, il n'aurait jamais dû me le faire savoir. Je n'avais rien demandé.

Je suis allé refaire un tour sur mon blog gelé – et les

15 commentaires se multiplient sur le dernier article, qui date maintenant de plus de trois semaines. Cent vingt-quatre personnes ont réagi au « Tchao » que j'ai mis pour clore cette aventure. Les « Reviens » alternent avec les « Keskispasse ? », les demandes d'explication avec les indignations feintes. Il y a

20 aussi quelques références au PNU – des remerciements, surtout. Cela me gêne aux entournures. Je ne sais pas comment expliquer que cette idée, si je l'ai développée seul, elle m'a tout de même été soufflée au départ. Par un fantôme.

C'était le 3 juin 1981. Les vacances approchaient. Le bac de

25 français aussi. Les socialistes étaient au pouvoir depuis peu et il y avait un mouvement d'ensemble, un espoir dans l'air. Comme au moment de l'élection d'Obama, j'ai l'impression. Les mots *fraternité* et *solidarité* reprenaient du poil de la bête– même chez ceux qui n'avaient pas voté à gauche, mais qui se

---

2 **à son égard** pour lui – 3 **un balancier** Balancierstange – 9 **maudire** détester –
10 **coincé** *fam* bloqué – 11 **le décès** la mort – 15 **se multiplier** devenir plus nombreux –
17 **clore** finir – 18 **alterner** abwechseln – 18 **Keskispasse** *langage SMS* Qu'est-ce qui se
passe ? – 19 **l'indignation** *f* Empörung – 19 **feint** simulé – 21 **gêner aux entournures**
mettre mal à l'aise – 28 **la fraternité** Brüderlichkeit – 28 **reprendre du poil de la bête**
aller mieux, être plus fort – 29 **voter** wählen

rendaient compte, petit à petit, que les chars russes n'allaient pas débarquer à Paris et que l'époque était historique, quel que soit le parti auquel on appartenait. Philippe avait été très marqué par la victoire de Mitterrand et il voulait un symbole
5 fort. Réunir les gens qu'il aimait, ceux qu'il côtoyait et ceux qui pourraient devenir par la suite des amis. Organiser une fête qui ait du sens – sortir un peu de la routine des soirées chez les uns et chez les autres, de l'alcoolisation obligatoire, des discussions balisées.

10 Il écrit que ce qu'il faudrait, c'est un événement. Une projection de film à ciel ouvert. Un bal. Ou un pique-nique. Bonne idée, ça, un pique-nique. Il y réfléchit plusieurs jours d'affilée, et puis l'idée s'effiloche. Les examens approchent. Les groupes se dispersent. C'est trop tard. Le moment est passé. À
15 un moment, il notera : *Si j'avais trouvé un nom, un slogan fédérateur, quelque chose qui accroche les mémoires, alors, je crois que j'aurais trouvé le courage de tout mettre en place.*

Le nom, c'est moi qui l'ai trouvé.
J'en suis très fier.
20 C'est mon identité remarquable.

---

1 **un char** Panzer – 2 **débarquer** arriver – 3 **appartenir à qc** faire partie de qc – 5 **réunir** mettre ensemble – 5 **côtoyer qn** être proche de qn, rencontrer/voir qn régulièrement – 8 **obligatoire** *ici :* inévitable – 9 **balisé** déjà tout tracé (vorgegeben) – 13 **d'affilée** *f* de suite – 13 **s'effilocher** disparaître peu à peu – 16 **accrocher** *ici :* attirer l'attention

11

JE SUIS REVENU HIER SOIR sur les journées suivant la victoire de Mitterrand. Et puis je suis reparti en arrière, en avant, en arrière et encore en avant. Un détail clochait. Un prénom, en fait. Pascal. Je l'avais souvent croisé mais je n'y
5 avais pas plus prêté attention qu'aux autres, les Fabrice, Hervé, Luc, Élise, Céline. Les quatre-vingt-cinq Valérie, les centaines de Véronique, les milliers de Christine. Tous ces prénoms qui peuplent les classes d'âge – en ce moment, autour de moi, il n'y a que des Manon et des Clément. La classe de ma sœur est
10 peuplée de Théo, de Léo, de Léa et de Lola. Je ne m'intéressais qu'aux prénoms qui semblaient essentiels à l'intrigue ainsi qu'à ceux qui me parlaient aujourd'hui. Marc, Olivier. Sylvie et les allers-retours sentimentaux qu'elle n'arrêtait pas de susciter chez Philippe. Zoune, dont on ne connaît que le surnom, et
15 dont Philippe tombe amoureux pendant quelques semaines. Le reste, c'était du feuillage qui filtrait plus ou moins le soleil, protégeait de la pluie et de la grêle.

Pour être tout à fait honnête, j'avais tiqué à deux reprises. Une fois parce qu'il était question de la présence de ce Pascal
20 chez les grands-parents paternels et on se demandait bien ce qu'il foutait là. Une autre fois, parce que la phrase était tournée de telle façon qu'on semblait comprendre qu'il y avait vraiment un décalage d'âge entre ledit Pascal et tous les autres. Cela m'avait un peu surpris mais bon, je me suis dit qu'il s'agissait
25 peut-être d'un cousin ou d'un voisin.

Il n'était qu'un personnage de seconde zone. Une de ces fameuses silhouettes sur les photos de classe sur laquelle on ne parvient pas à remettre un nom. Il s'était enfoncé dans un coin de ma mémoire, enveloppé dans les replis des pages. Et
30 puis il y a eu le mariage de Jean-François.

---

3 **clocher** ne pas aller – 5 **prêter attention à qc** faire attention à qc – 13 **susciter** provoquer, faire naître – 14 **un surnom** Spitzname – 16 **un feuillage** l'ensemble des feuilles sur un arbre – 17 **la grêle** Hagel – 18 **tiquer** remarquer que qc ne va pas – 23 **un décalage** une différence – 28 **s'enfoncer** aller profondément dans qc

Du mariage de Jean-François, le fils des voisins, il n'en est presque pas question, en fait. Philippe est invité parce que Jean-François est un ami de la famille. Enfin, surtout un ami de Pascal. *Un ami de mon frère.* Cette phrase-là, je suis passé
5   dessus sans y prêter attention la première fois. Je voulais continuer la lecture, mais au bout de quelques lignes, mes yeux se sont arrêtés net et mon cerveau a cessé de fonctionner. Un blanc. Les contours de la chambre sont devenus flous. Il faisait très chaud dans la maison. Je me suis levé pour aller boire un
10   verre dans la cuisine.

Les marches de l'escalier craquaient sous mes pieds. Il était une heure et demie du matin. Mon verre d'eau à la main, je regardais le mur de la maison du voisin, la haie de thuyas, le gazon dont mon père est si fier, parce qu'il n'y en a pas un
15   d'aussi vert et d'aussi fourni dans tout le lotissement. J'ai vaguement honte d'habiter ce pavillon. Il est moche. Il est étriqué. Les chambres sont mansardées – elles ont toutes été aménagées dans un ancien grenier, l'hiver on caille et l'été on étouffe. Donc, non, je ne suis pas attaché à cette maison.
20   Évidemment, quand j'étais petit, comme tous les mômes, je ne voulais pas déménager, parce que c'était chez moi et que je croyais que la maison et ma vie ne faisaient qu'une. Ça a changé depuis deux ou trois ans. Je commence à ressentir l'étroitesse – du pavillon, de la vie de mes parents. Je trouve
25   qu'il n'y a pas assez de superficie, ici, pour laisser s'épanouir les rêves.

Et puis soudain, hier, dans la nuit, mon verre d'eau à la main, dans la cuisine endormie, en humant les odeurs du jardin par la fenêtre ouverte, mon cœur s'est serré comme jamais à l'idée
30   qu'un jour, dans un avenir bien plus proche que je ne voulais

---

7 **le cerveau** *ici :* la tête, les pensées, l'esprit – 7 **cesser de faire qc** arrêter de faire qc – 8 **flou** confus, ≠ clair – 13 **une haie** Hecke – 15 **fourni** dicht, üppig – 15 **un lotissement** un ensemble de maisons dans un quartier – 17 **étriqué** étroit, très petit – 17 **mansardé** sous le toit – 18 **aménagé** installé – 18 **cailler** *fam* avoir froid – 19 **étouffer** ne pas pouvoir respirer – 24 **l'étroitesse** *f* ≠ large, grand – 25 **s'épanouir** se développer, grandir – 28 °**humer** sentir

bien l'admettre, j'allais quitter ce lieu. Qu'après, il y aurait une vie à inventer, des ponts à construire, des territoires à explorer. Loin d'ici. Avec une sœur qui s'émancipe. Des parents qui vieillissent. Se rapetissent. T'invitent le dimanche midi et s'endorment dans le canapé. Ne sont plus que l'ombre d'eux-mêmes. La fragilité de tout ça.

Et pendant tout ce temps-là, pendant que j'inspirais l'air de la nuit, la phrase, lancinante. *Nous avons été invités surtout parce que Jean-François est un ami de mon frère.* Elle tourne dans le cerveau. Elle se cogne contre les parois du crâne. Mon père n'a pas de frère. Je n'ai pas d'oncle. Je n'ai que des *Tontons.* Une invention ? Un ami qu'on considère comme son jumeau ? Je n'y crois pas une seconde. Une brouille, à vie ? Non plus. Il se serait immiscé dans les conversations, à un moment ou à un autre. Ou alors, un décès. Je tente de chasser l'idée de ma tête.

Je pense fugitivement à ma sœur, qui dort d'un sommeil de plomb, son doudou à la main, dans sa chambre. Sur son papier peint, il y a des coquillages, mais maintenant, elle voudrait le changer. Elle a recouvert les murs d'affiches Pokémon. Les yeux clos, je dessine son profil endormi. Je frissonne. Un frisson qui commence à la main droite et remonte jusqu'à l'épaule. Je me souviens de la nuit où elle s'est blottie contre moi. Les parents étaient sortis chez des amis. Il y avait une baby-sitter, mais elle s'était endormie. Nina avait peur. De tout. Du noir, des ombres, des bruits. Elle m'a appelé. Au début, j'ai fait semblant de ne pas l'entendre, et puis quand j'ai senti une vraie angoisse dans sa voix, je me suis levé sans rien dire et je suis allé m'allonger à côté d'elle. Je me suis calé contre le mur

---

3 **s'émanciper** *ici:* se libérer de l'autorité parentale – 4 **se rapetisser** devenir plus petit – 8 **lancinant** qui fait souffrir – 10 **se cogner contre qc** gegen etw schlagen/hämmern – 10 **une paroi** *ici :* surface qui limite la tête – 10 **le crâne** *ici :* la tête – 12 **un jumeau** Zwillingsbruder – 13 **une brouille** une dispute – 14 **s'immiscer dans qc** sich in etw einmischen – 15 **chasser** *ici :* faire disparaître qc – 17 **dormir d'un sommeil de plomb** dormir d'un sommeil très profond – 21 **frissonner** *ici :* trembler de froid, de peur – 23 **se blottir** sich kuscheln – 28 **une angoisse** une grande peur – 29 **se caler** *ici :* s'installer confortablement

et je lui ai tenu la main. Elle est restée longtemps immobile, je sentais son pouls qui ralentissait, elle s'est assoupie. Quand les parents sont rentrés, ils nous ont retrouvés l'un à côté de l'autre, sa main dans la mienne. Je crois que ma mère a
5   pleuré.

Nous avons été invités surtout parce que Jean-François est un ami de mon frère.
C'est le 28 août 1981. L'avant-dernier agenda. Philippe a dix-sept ans. Dans quelques jours, il va rentrer en terminale. Dans
10   presque un an, il abandonnera son journal, en plein milieu, sans aucune explication. Je le comprends. Parfois, on en a juste marre d'écrire. Parfois, on n'en a plus besoin. Vivre suffit. Tout le reste paraît vain. Ridicule. Désolant. Pour qui se prend-on ? Et à quoi est-ce que ça peut servir, toute cette prose ? Depuis
15   que j'ai cessé d'alimenter mon blog, toutes ces questions-là me hantent. Je ressens un manque, mais en même temps, je me sens soulagé. Je me suis débarrassé d'une contrainte. Je suis plus libre qu'avant. C'est juste dommage que je n'aie pas choisi cette interruption brutale, mais qu'elle m'ait été imposée. Par
20   celui-là même qui parle, maintenant. Celui qui a un frère qu'il n'a jamais mentionné.
Nous sommes tous les deux dans la Mini, Pascal et moi. C'est l'été. À la radio, il y a des slows italiens. Nous attendons. Nous sommes sortis les premiers de l'église. Je déteste les églises. Dire
25   *qu'à un moment donné, j'y ai cru, à tout ça. Maintenant, ça me paraît si loin de la vie. Presque sa négation. Nous attendons, près du parc, que passent les premières voitures de la procession. Nous ne savons pas où a lieu le vin d'honneur. Il fait chaud. Pascal a baissé les vitres. Au début, nous ne parlons pas. Nous sommes*
30   *surpris de nous retrouver ensemble. Nous sommes mal à l'aise,*

---

2 **ralentir** aller plus lentement – 2 **s'assoupir** se laisser aller doucement au sommeil –
13 **vain** inutile – 13 **désolant** qui rend triste – 15 **alimenter** faire fonctionner –
16 **°hanter** poursuivre, ne pas laisser tranquille – 17 **une contrainte** Zwang –
19 **imposer qc à qn** jdm etw auferlegen, aufzwingen – 28 **le vin d'honneur** *ici :* l'apéritif
pour fêter un mariage – 29 **baisser** ≠ lever

à cause de l'intimité. Nous n'avons pas l'habitude. Pourtant, c'est
curieux, parce que, toute notre enfance, nous avons partagé la
même chambre. Mais il m'a toujours semblé que nous ne vivions
pas dans le même monde. Il a ses copains, moi les miens – et il
5 *y a ces six ans de différence. Je n'avais même pas douze ans quand*
il est parti suivre ses études à Paris – et depuis il revient rarement.
Il me laisse m'emmerder tout seul chez les grands-parents l'été.
Il va de championnat de voile en championnat de voile. Il
vadrouille. Il habite chez des amis. Il envoie des cartes postales.
10 *Il téléphone – toujours à mes parents, jamais à moi. Nous n'avons*
pas grand-chose à nous dire. Souvent, il me manque, mais c'est
très abstrait. Je suis en manque de frère, pas en manque de lui.
Fraternité, c'est un mot qui m'émeut, à chaque fois.

Bref, nous sommes là, nous attendons et nous commençons à
15 *parler. Il semble me prendre en considération, pour la première*
fois. J'ai dix-sept ans depuis peu. Il doit se dire que je suis
maintenant digne d'intérêt, que je suis apte à comprendre et à
réagir. Je sens que je suis hargneux, au fond, mais il ne se rend
compte de rien. Il pose des questions, sur ce que je souhaite faire
20 *plus tard. Il vante les études qu'il suit – une école de commerce.*
Il dit qu'il va essayer de réunir l'impossible – le fric et le social. Il
est persuadé qu'on peut être entrepreneur et humain. Il développe.
Il jacasse. À un moment, je m'énerve. Je n'ai plus qu'une envie –
lui rabattre son caquet. Je lui ordonne de se taire d'une voix que
25 *je ne me connais pas. Je dis que je veux seulement profiter du*
moment. Dans la voiture. Les vitres baissées. « Bette Davis Eyes »
à la radio. Je revois les moments importants de l'année qui vient
de s'écouler. Mes amitiés.

---

7 **s'emmerder** *fam* s'ennuyer – 8 **un championnat** Meisterschaft – 9 **vadrouiller** se
promener sans but – 15 **prendre en considération qn** s'intéresser à qn – 17 **être apte à**
faire qc être capable de faire qc – 18 **hargneux** agressif, belliqueux (→ S. 20) – 20 **vanter**
qc parler positivement de qc – 22 **un entrepreneur** Unternehmer – 23 **jacasser** *fam*
discuter fort – 24 **rabattre le caquet à qn** faire que qn arrête de parler – 24 **se taire** ne
rien dire, garder le silence, ne pas parler – 28 **s'écouler** se passer

Les filles que j'ai aimées et celles qui m'ont jeté. C'est comme un puzzle qui s'assemble. C'est beau. J'aimerais rendre ça un jour, dans un roman que j'écrirais. Je confie ça à mon frère. Je pense qu'il va se moquer. Mais non. Il hoche la tête. Il répond que c'est
5 *une belle perspective, aussi.*

La voiture des parents de Jean-François passe. Pascal met le clignotant. Nous démarrons. Le moment est derrière nous. Le long du trottoir. Près du parc, en face de l'église Saint-Bruno.

Il m'emmenait dans ce parc, parfois. Ma sœur aussi. Je
10 n'aimais pas trop. Elle non plus. Il n'y avait que des jeux pourris, et pas d'ombre. Je me demandais ce que nous faisions là, alors que nous aurions pu être au bowling, au cinéma, dans la forêt, au lac, n'importe où. Il soupirait. Il cédait. Nous ne sommes jamais restés très longtemps. À quoi pensait-il ? Et
15 surtout, à qui ?

Je reprends les premiers carnets. Lorsqu'il commence son journal, il a quatorze ans et demi, son frère en a vingt. La première mention, en passant, c'est un dimanche où, exceptionnellement, il ne se rend pas chez ses grands-parents
20 paternels. Il va à Reims chez Pascal. Pas d'autre indication. Je suis passé dessus. Je ne me suis même pas posé la question de savoir qui c'était. Plus je me concentre, plus je trouve des traces, et moins je comprends comment j'ai pu laisser ces indices-là de côté. Mais en fait, si, c'est logique. Je n'ai jamais
25 imaginé que mon père avait eu un frère – un frère qu'il a peut-être toujours d'ailleurs. Mais alors pourquoi n'en parle-t-il jamais ?

Le soir même. Anne-So et moi, dans le jardin public, en bas de chez elle. Je passe ma main dans ses cheveux, mais je ne
30 suis pas vraiment là. Elle s'en amuse. Elle me dit que je suis vraiment un drôle de phénomène. Une fois sur deux, je

---

7 **un clignotant** Blinker – 7 **démarrer** partir, commencer à rouler – 13 **céder** capituler –
19 **exceptionnellement** ≠ d'habitude – 20 **une indication** *ici :* une information

m'absente de nos conversations. Je rougis. Je garde un moment le silence et puis, d'un coup, je déballe tout. Les tensions avec mon père, cette drôle de façon de vouloir se faire pardonner, son cadeau empoisonné, ce frère inexistant et cette histoire
5 qui se déroule, sa jeunesse à lui qui vient polluer la mienne.

– Polluer, ce n'est pas le bon mot.

– Parasiter, alors.

– Si tu veux. En même temps, c'est touchant, non ? Jamais mon connard de père ne ferait une chose pareille. Je suis sûre
10 qu'il n'a jamais tenu de journal, de toute façon.

– Qu'est-ce que tu en sais ?

– Il pense que c'est pour les femmes ou les tapettes, tu vois le niveau.

– Tu l'as prévenu que j'avais un blog, et que donc, je suis une
15 tapette électronique ?

– Je n'adresse plus la parole à mon père depuis qu'il a largué ma mère. Ça tombe bien, il ne semble pas avoir l'intention de se souvenir de moi non plus.

Elle lance un rire qui sonne faux. Elle secoue la tête.
20 Son profil se dessine dans le soir qui descend. J'en suis tout ému. Je repense à notre premier baiser. J'aimerais me fondre en elle, là, maintenant. M'oublier dans son corps. Mais c'est impossible : elle aussi, elle a mordu à l'hameçon de Philippe, ou plutôt de Pascal. Elle veut savoir.
25 – Et tu es sûr qu'il n'en a jamais été question ?

– De quoi ?

– De ton oncle.

C'est étrange, le mot « oncle », lancé comme ça, dans l'air d'avril. Je frissonne, comme hier soir, dans la cuisine. Ce n'est

---

2 **déballer** *fam* raconter un secret, qc d'important – 2 **une tension** Spannung –
4 **empoisonné** vergiftet – 5 **se dérouler** se passer – 5 **polluer** → la pollution – 12 **une tapette** *vulg et péj* un homosexuel – 14 **prévenir qn de qc** informer qn de qc –
16 **larguer qn** *fam* laisser/quitter qn – 19 **secouer la tête** bouger la tête de gauche à droite – 21 **ému** qui ressent une émotion – 21 **se fondre en qn** ne faire qu'un avec une personne – 23 **mordre à l'hameçon** se laisser prendre au jeu

pas le froid. C'est autre chose. Je pense aux tontons. À mes deux tontons. Anne-So est sur la même longueur d'onde que moi. Elle suit le cours de mes pensées – mais elle prend une route parallèle.

5 – Ton père a déménagé ? Il est originaire d'une autre région ?

– Non. Pas que je sache.

– Alors, quelqu'un doit bien être au courant de ce qui s'est passé. Ce n'est pas possible autrement. Tu ne vois pas qui ?

10 Je revois la photo. Les trois garçons près du mur. Le rire entre eux. La complicité. Je murmure :

– Peut-être que si.

Je m'allonge sur ses genoux. Je ferme les yeux. Je touche ses bras, ses seins, son cou. Je souhaite de tout mon cœur qu'elle

15 reste à mes côtés, maintenant. Je sens que je vais avoir besoin de sa présence dans les semaines à venir.

---

2 **être sur la même longueur d'onde que qn** très bien se comprendre avec qn – 11 **la complicité** quand deux personnes se comprennent très bien l'une l'autre – 14 **les seins** *mpl* Brust

12

– JE SAVAIS BIEN QUE ÇA VIENDRAIT UN JOUR. Je le lui avais dit.

Tonton Marc soupire. Je ne peux m'empêcher de sourire.

– Quoi ? Qu'est-ce qu'il y a de drôle ?

5 – T'as remarqué que t'es tout le temps en train de soupirer et de râler ?

– Oui. On me l'a déjà répété assez de fois. C'est ma nature.

– Ça ne l'a pas toujours été.

– Comment tu le sais ?

10 Je tends la photo – les trois garçons qui rient ensemble.

Ses yeux. Oh, mon Dieu, ses yeux, au moment où ils tombent sur le cliché ! Le printemps, l'été, l'automne, l'hiver. Les cirrus, les cumulo-nimbus, les cumulus. L'eau de l'orage qui est montée dans les nuages et qui s'apprête à redescendre, mais

15 finalement, non, l'averse ne tombera pas.

Son visage qui s'affaisse de quelques millimètres, comme s'il était déjà vieux, très vieux, à la retraite depuis des années. Et son corps qui se crispe, insensiblement.

Dans un souffle, il me demande où j'ai trouvé ça.

20 – Dans un des cartons du grenier.

– Faut pas fouiller dans les affaires de ses parents.

– Je n'ai pas fouillé. C'est papa qui me l'a donné, le carton.

Rien que de dire *papa*, l'émotion que cela soulève tout à coup. En quelques semaines, il est devenu Philippe, personnage de

25 roman, aux contours abstraits. Je peux définir sa personnalité, mais je bute sur son physique. Aujourd'hui, il me revient en pleine figure. C'est mon père. C'est papa.

---

6 **râler** se plaindre – 10 **tendre qc** *ici :* donner qc – 12 **un cirrus, un cumulo-nimbus, un cumulus** différents types de nuage – 14 **s'apprêter à faire qc** se préparer à faire qc – 15 **une averse** une forte pluie soudaine – 16 **s'affaisser** retomber – 17 **être à la retraite** quand une personne a arrêté de travailler – 18 **se crisper** sich verkrampfen – 21 **fouiller** chercher pour retrouver ce qui peut être caché – 23 **soulever** *ici :* provoquer – 26 **buter sur qc** über etw stolpern

– Mais je croyais que…

Tonton Marc ne termine pas sa phrase, mais je devine la fin. Je croyais qu'il ne voulait pas que tu saches. Je croyais qu'il fallait surtout éviter d'en parler. Je pose une main sur le bras de Tonton Marc. Je m'aperçois qu'il tremble un peu.

– C'est compliqué, Tonton.

– Je ne suis pas ton oncle.

– Je sais.

– Alors arrête de m'appeler Tonton. C'était une grosse connerie, ça, de m'appeler Tonton.

– J'aime bien, moi. Et puis c'est trop tard, maintenant, je ne peux pas m'en empêcher.

– Qu'est-ce que tu as appris ?

– Des tas de trucs. Vos premières cuites, les sœurs Carrel, avec lesquelles vous êtes sortis tous les deux et que vous avez jetées en même temps, joli tableau.

Une détente infime. Les muscles qui se relâchent. Marc s'autorise un sourire.

– Elles n'étaient pas très jolies.

– Vous n'étiez pas très malins.

– Tu as raison. Je n'ai aucun regret de cette époque-là.

– C'est vrai ?

– Absolument. Je suis content de vivre aujourd'hui. Même avec le réchauffement climatique, la crise économique et les prises de tête avec mes enfants. Je n'échangerais pas le début des années 1980 avec maintenant pour un empire. Surtout, je ne m'échangerais pas moi, à vingt ans, contre moi aujourd'hui. J'ai détesté l'adolescence.

– Ce n'est pas l'impression que donne la photo.

Nouveau soupir – interrompu au milieu. Marc hoche la tête. Il murmure que c'est vrai que c'est chiant, cette façon de soupirer tout le temps.

---

2 **deviner** erraten – 17 **une détente** Entspannung – 17 **infime** très petit – 17 **se relâcher** ≠ se crisper – 18 **s'autoriser** se permettre – 20 **malin** schlau – 24 **le réchauffement climatique** Klimaerwärmung – 25 **échanger** tauschen – 26 **un empire** Reich – 31 **chiant** fatigant, énervant

– J'exagère un peu, bien sûr. Il y a eu de très bons moments. Les radios libres, par exemple.

– Les quoi ?

– Les radios libres. Du jour au lendemain, en 1981, tout le monde s'est retrouvé libre de monter sa propre station de radio et de s'exprimer à l'antenne. Ton père et moi, on participait à une émission qui s'occupait de la vie des lycéens et des jeunes en général, ça s'appelait « Chahut-Bahut », on s'est beaucoup amusés.

– J'ai lu ça. J'ai lu aussi les nouvelles de mon père.

– Ah ça, c'était leur truc, à Olivier et à lui. C'est marrant, je pensais que d'une façon ou d'une autre, ils en feraient quelque chose un jour, qu'ils publieraient un roman ou qu'ils deviendraient journalistes, éditeurs, que sais-je encore, mais finalement, non.

Il jette un nouveau coup d'œil à la photo et il répète d'un ton rêveur :

– Finalement, non.

– C'est qui sur la photo ?

– Hein ?

– Toi, je te reconnais bien, malgré ton côté anorexique. Papa aussi. Mais l'autre, à droite, c'est qui ?

Les yeux de Marc à nouveau. Sur moi – insistants. Ils me fusillent et me protègent en même temps. Ils me radiographient. Ils sondent mes forces, mes faiblesses, mes fêlures et mes certitudes. Je comprends avant même qu'il ne prononce les mots.

– C'est Pascal.

Mon premier geste, c'est de reprendre la photo. Brusquement. Elle se déchire presque. Mon second geste, c'est de m'asseoir sur une des chaises du jardin.

Marc rentre à l'intérieur de la maison. Il va me chercher un café et un verre d'eau. Il devine que j'ai besoin des deux.

---

1 **exagérer** übertreiben – 21 **anorexique** magersüchtig – 23 **insistant** eindringlich – 24 **radiographier** scanner – 25 **sonder** chercher à deviner qc – 25 **la faiblesse** la fragilité, ≠ la force – 25 **une fêlure** Verletzung – 26 **la certitude** ce qui est sûr, certain – 29 **brusquement** tout à coup, brutalement – 30 **se déchirer** zerreißen

Et tandis qu'il s'affaire, je saute les barrières temporelles. Je suis là, à côté d'eux. Je le détaille. Je pourrais presque le toucher.

C'est un mois de printemps – mai, sans doute. Le soleil joue
5 avec les nuages. Le ciel hésite entre le sombre et le lumineux. Des rafales de vent par intermittence balaient le décor. L'une d'entre elles a relevé la mèche que Pascal devait avoir devant les yeux.

Ils se ressemblent à peine. Si je montre la photo à quelqu'un
10 qui ne les connaît pas et que j'ajoute qu'il y a deux frères sur le cliché, la personne interrogée créera un lien imaginaire entre Marc et Philippe. Le troisième est exclu.

La texture des cheveux, d'abord. Philippe a des cheveux épais et noirs, ceux de Pascal sont fins et d'un châtain très clair.
15 La forme du nez, ensuite. Busqué chez mon père, droit chez mon oncle. Les lèvres, pour finir. Fines chez l'un, pleines chez l'autre. Philippe fait légèrement plus vieux que son âge. Pascal beaucoup moins – à tel point qu'en regardant la photo la première fois, je ne me suis pas aperçu de leur différence d'âge.
20 Dix-sept ans. Vingt-trois ans. Un monde entre les deux.

Marc revient. Il pose le plateau sur la table en fer-blanc. Il demande d'emblée ce que je sais, exactement, cela nous évitera les répétitions.

– Rien. Ou presque. Je n'ai découvert l'existence de Pascal
25 qu'avant-hier. Avant, il ne précisait pas, dans son journal, que c'était son frère. J'ai cru que c'était un voisin ou un copain. J'ai grandi dans l'idée que mon père était fils unique.

– Logique. Dans un journal, je suppose qu'on ne précise pas la nature de ses liens. Mais je n'en sais rien, je n'ai jamais tenu
30 de journal.

---

1 **sauter** überspringen – 2 **détailler** analyser dans le moindre détail – 5 **sombre** ≠ lumineux, clair – 6 **une rafale** un coup de vent brusque et violent – 6 **par intermittence** irrégulièrement – 6 **balayer** *pour le vent* über hinwegfegen – 7 **une mèche** une petite quantité de cheveux – 12 **exclu** mis de côté – 14 **épais** dense – 14 **châtain** entre le blond et le brun – 15 **busqué** ≠ droit – 21 **un plateau** Tablett

– Tu savais que mon père en écrivait un ?

– Il en avait parlé à quelques reprises.

– Je n'en reviens pas d'avoir un oncle.

Marc se tortille un peu sur sa chaise. Je remarque une goutte
de sueur sur son front. Pourtant, il ne fait pas très chaud,
dehors.

– Écoute, normalement, ce n'est pas à moi de te raconter tout
ça. J'imagine qu'en te donnant quelque chose d'aussi intime,
il voulait que tu le découvres petit à petit et que le dialogue
s'ouvre.

– C'est plus compliqué que ça.

– C'est toujours compliqué.

– Bon, alors, c'est quoi, le problème ? Ils ne sont pas du même
père ? Marc écarquille les yeux. Il murmure :

– Mais qu'est-ce qui peut te faire croire un truc pareil ?

– Je ne sais pas. L'absence de ressemblance physique.

– C'est vrai. Mais bon, ton père a tout pris de ta grand-mère,
et son frère tout de ton grand-père.

– Alors ? Ça rime à quoi, tout ce silence ? On se croirait en
Corse !

– Ton oncle est mort.

J'accuse le coup – mais je ne suis pas surpris. J'ai l'impression
de l'avoir su dès que j'ai compris que j'avais un oncle. Enfin,
que j'en *avais eu* un.

Marc se racle la gorge et reprend.

– Il y a longtemps.

– C'est-à-dire ?

– Juillet 82.

Instantanément, je revois les pages vides. La fin du carnet
noir. Ce que j'avais pensé être un abandon pur et simple, suite

---

4 **se tortiller** se tourner de côté et d'autre sur soi-même – 4 **une goutte** Tropfen – 5 **la
sueur** Schweiß – 14 **écarquiller les yeux** ouvrir grand les yeux de surprise – 19 **Ça rime
à quoi... ?** Pourquoi? Ça veut dire quoi? – 19 **On se croirait en Corse?** Pourquoi tous
ces secrets? – 22 **accuser le coup** *ici :* montrer qu'on est touché/ému par ce qu'on vient
d'apprendre – 25 **se racler la gorge** sich räuspern – 30 **pur et simple** clair, net

au bac et à l'arrivée des études supérieures. Le début d'une nouvelle vie. Ce n'était pas une nouvelle vie. C'était juste la fin d'une autre existence.

J'ai trop de questions qui s'entrechoquent. Je n'arrive plus à
5 penser droit. Je bois un peu de café. Je me brûle la langue. Je sens les larmes qui montent. Je me concentre sur le minuscule jardin de Tonton Marc. Le toboggan en plastique. Les jouets disséminés. Je sais qu'il m'observe. Je sens aussi qu'il n'est pas hostile. Son regard m'enveloppe. Je suis désolé de lui faire jouer
10 le rôle de révélateur. Je mets quelque temps à reprendre mes esprits.

– Mais… il y a quand même un truc bizarre. Je… Enfin, je ne comprends pas pourquoi il n'en a jamais parlé. C'est terrible, c'est sûr, mais pourquoi le cacher ?
15 – Tu ferais mieux de lui demander à lui.

– Oui, mais c'est toi que j'ai choisi comme confident.

Tonton Marc est touché. Il s'empourpre même un peu. Je me souviens tout à coup que, lorsque j'étais petit, c'était lui, mon tonton préféré. Et même mon adulte favori. Mon père était trop
20 cassant ou trop distant. Ma mère avait tout le temps peur de tout. Elle passait son temps à me dire de faire attention. Attention la chaise, elle peut tomber. Attention le soleil, il pourrait te brûler. Attention les escaliers, une chute est si vite arrivée. Avec Tonton Marc, je me sentais plus naturel. Moins
25 prisonnier.

Le rouge quitte peu à peu ses joues. Mais quand il reprend la parole, sa voix tremble encore par moments.

– Il ne voulait pas te faire de peine. Ni à toi ni à ta sœur. Je crois qu'il voulait que vous viviez une enfance sans soucis. Que
30 rien ne vienne entacher vos souvenirs.

---

4 **s'entrechoquer** se bousculer – 6 **minuscule** très petit – 7 **un toboggan** Rutsche –
9 **hostile** ennemi, désagréable – 10 **un révélateur** qn qui révèle/raconte un secret –
16 **un confident** une personne à laquelle on raconte ses secrets, un ami intime –
17 **s'empourprer** devenir rouge – 20 **cassant** autoritaire – 23 **une chute** Sturz – 29 **un souci** quand on est inquiet – 30 **entacher** noircir

– C'est réussi. Maintenant, j'ai l'impression qu'on m'a menti sur toute la ligne. Ça s'est passé comment ?

– Accident de voiture.

– Seul ?

5 – Non. Ton père était avec lui. Lui, il a survécu.

Je hoche la tête pour me donner une contenance. J'ai les oreilles qui bourdonnent. J'entends la voix de Mlle Feinte, ma prof d'histoire-géo de sixième : « Aujourd'hui, je vais vous raconter l'histoire de la boîte de Pandore. » Le ciel est bleu. Le
10 ciel est violemment bleu. Je m'entends respirer. Mon cœur qui bat. Trop vite. Les visages se mélangent. Philippe. Marc. Pascal. Olivier. Ce n'est pas mon histoire. Il faut que je me dégage de tout ça.

Ce n'est pas mon histoire.

15 Trop tard. Marc a repris la parole – non sans avoir, auparavant, poussé un soupir. Un énorme soupir. Toute la cage thoracique qui se vide. Un abcès qui se crève.

– C'est encore plus difficile que tu ne l'imagines.

Le fil se déroule. C'était un dimanche. Un dimanche de
20 juillet 1982. Il faisait très beau. Très chaud aussi. Dans quelques jours, ils allaient tous partir en vacances – des vacances bien méritées. Philippe avait eu cette mention « Bien » dont il était si fier. Il devait rejoindre Paris en septembre, pour rentrer en classes préparatoires. On attendait
25 beaucoup de lui. Ses parents nourrissaient des ambitions – professeur, peut-être même dans une université. Un fils dans le commerce et l'autre dans l'enseignement. Deux symboles d'une vie réussie. Une vie passée à rogner sur ses propres ambitions pour les transmettre à ses enfants.

---

5 **survivre** sortir vivant d'une situation mortelle – 6 **se donner contenance** faire comme si tout allait bien – 7 **avoir les oreilles qui bourdonnent** ressentir un trouble physiologique – 12 **se dégager** se libérer – 16 **la cage thoracique** Brustkorb – 17 **un abcès se crève** *fig* la vérité éclate – 23 **rejoindre** aller – 24 **une classe préparatoire** Vorbereitungsklasse auf eine Hochschule – 25 **nourrir** *ici :* avoir – 27 **l'enseignement** ce qu'on enseigne/apprend à qn – 28 **rogner sur ses ambitions** faire passer les ambitions des autres avant les siennes

Les parents avaient acheté une voiture pour Pascal. Pour remplacer la Mini. À vingt-trois ans, quand on travaille dans le commerce, une Mini, ça ne fait plus sérieux. C'est une voiture de femme. Ils étaient très fiers de la Fiat qu'ils avaient
5 dégotée, une occasion rare. Peu de kilomètres. Très fiable. Pascal l'avait déjà conduite deux ou trois fois. Cette fois, il a emmené Philippe faire un tour dans le quartier. Il voulait que Philippe l'observe. Philippe s'était inscrit à l'auto-école juste après les résultats de l'examen, et il avait deux mois pour passer
10 le permis. Qu'il n'en ait pas besoin pour vivre à Paris ne rentrait pas en ligne de compte. Pour être un homme à part entière, dans la famille, il fallait le bac et le permis, un point c'est tout.

Il a poussé le bouchon plus loin. Il a quitté l'agglomération.
15 Il a voulu aller plus vite. Il disait que le danger et l'adrénaline, il fallait apprendre à les maîtriser, et que le plus tôt était le mieux. Philippe était terrorisé mais cela faisait rire son frère. Il était comme ça, Pascal. La rapidité, la performance. Il aurait personnifié les années 1980 s'il les avait vraiment vécues.
20 Philippe était accroché au siège. Il n'avait jamais vu son frère comme ça. Fou de vitesse et de tension. Pascal a doublé une vieille R16. Un camion arrivait en face. Philippe a hurlé. Pascal a réussi son dépassement de justesse. Des coups de klaxon et Pascal qui rit aux éclats. Philippe s'est mis à gémir. Il a dit plus
25 tard qu'il était à deux doigts de vomir ou de s'évanouir. Un vrai cauchemar. Alors il a supplié. « Arrête ! Arrête ! » Et son frère,

---

2 **remplacer qc** etw ersetzen – 4 **dégoter** *fam* trouver – 5 **fiable** dont l'on peut être sûr, de bonne qualité – 10 **rentrer en ligne de compte** avoir de l'importance – 14 **pousser le bouchon plus loin** *fam* exagérer – 14 **une agglomération** ensemble constitué par une ville et sa banlieue – 17 **être terrorisé** avoir très peur – 18 **personnifier** représenter – 20 **être accroché à qc** se tenir avec force à qc – 20 **un siège** *ici :* le fauteuil dans la voiture – 21 **doubler** *ici :* passer devant une autre voiture – 23 **un dépassement** quand on double qn en voiture – 23 **de justesse** au dernier moment – 23 **un klaxon** le signal sonore d'une voiture – 24 **rire aux éclats** rire très fort – 24 **gémir** crier – 25 **être à deux doigts de faire qc** être sur le point de faire qc – 25 **s'évanouir** in Ohnmacht fallen – 26 **un cauchemar** un très mauvais rêve

qui l'invectivait : « Tu veux que j'arrête ? – Oui, s'il te plaît. – Tu veux vraiment que j'arrête ? – Oui ! – Alors crie-le !

– Hein ? – Crie-le, si tu le veux vraiment, ou alors dépasse ta peur ! Conduis-toi comme un mec, merde !

5 – Mais t'es taré ou quoi ? – Crie-le et je te promets que je pile ! »

Nouveau dépassement *in extremis* – à l'horizon, la route des collines et ses lacets. Philippe murmurera plus tard qu'il a souhaité, à ce moment-là, ne jamais avoir eu de frère. Qu'il
10 disparaisse, là, maintenant. Pouf. Il a hurlé de toutes ses forces. « ARRÊTE ! » Pascal a instantanément appuyé sur les freins comme un malade. Il riait encore. Et puis d'un coup, il n'a plus ri du tout. La voiture s'est mise à vivre sa propre vie, faite de propulsion, de tôle, de vitesse et de caoutchouc brûlé. Il y a
15 eu des crissements, de la chaleur, des tonneaux – et soudain, plus rien.

Les témoins ont raconté, bien sûr. La course folle, le freinage – ils ont dit que le bruit des pneus sur l'asphalte allait les poursuivre toute leur vie. Le freinage sans aucune raison,
20 puisque, cette fois, il n'y avait personne d'autre à dépasser et aucun véhicule sur la voie d'en face. La voiture qui sort de la route comme un cheval qui se cabre. L'arbre sur lequel elle se jette – et qui plie sous le choc. Ils pousseront des soupirs, les témoins. Ils diront « les jeunes et la voiture, c'est quand même
25 un problème ». Et puis, ils passeront à autre chose. Pas Philippe – ni ses parents.

---

1 **invectiver** crier après qn – 3 **dépasser sa peur** contrôler sa peur, aller au-delà de sa peur – 5 **taré** *arg* complètement fou – 6 **piler** *fam* stopper net – 8 **une colline** une petite montagne – 8 **un lacet** un virage, une courbe – 11 **appuyer sur les freins** stopper la voiture – 14 **une propulsion** Antrieb – 14 **la tôle** Blech – 15 **un crissement** le bruit de la voiture qui s'arrête brutalement – 15 **un tonneau** quand la voiture sort de la route et tourne sur elle-même – 17 **un témoin** Zeuge – 17 **le freinage** quand on stoppe la voiture (→ les freins) – 18 **un pneu** Reifen – 19 **poursuivre qn** *ici* : occuper sans arrêt les pensées de qn – 22 **se cabrer** *pour un cheval* steigen – 23 **plier** ≠ rester droit

– Il m'a tout raconté, plus tard, conclut Marc. À sa sortie de l'hôpital. Il avait besoin de se vider. Je l'ai tenu dans mes bras pendant qu'il était secoué de sanglots. Des sanglots sans larmes. Je n'avais jamais vu ça. J'étais tétanisé. À dix-sept ans,
5 on ne sait pas faire face au chagrin d'un ami.

Je veux boire un peu de café pour me donner une contenance, mais mes mains tremblent tellement que je repose la tasse. Marc ne remarque rien. Je n'existe plus pour lui. Il est ailleurs. Il est avant. Je racle ma chaise sur le sol pour le sortir du
10 cauchemar.

– Et les parents ?

– Quoi, les parents ?

– Mes grands-parents ?

– Ils se sont murés dans le silence. Ils n'en ont jamais reparlé.
15 Jamais, tu comprends ? Je crois que ce jour-là, ils ont fait une croix sur leur propre existence et qu'ils ont enterré leurs deux enfants en même temps – même si l'un des deux était encore en vie. Sans jamais l'avouer, ils ont fait de ton père le bouc émissaire. Ils ont paré ton oncle de toutes les qualités, à titre
20 posthume. Et petit à petit, le responsable, c'est devenu ton père. Sans lui, rien ne serait arrivé. Il n'avait pas besoin de ça, ton père, tu sais. Il se sentait déjà tellement coupable. On n'a jamais pu lui faire admettre que le connard, ce jour-là, c'était son frère – et pas lui. En tout cas, tes grands-parents ont peu à peu effacé
25 ton père de leur mémoire, alors que l'image de ton oncle devenait de plus en plus vivace. Philippe, lui, est presque devenu transparent pour eux. Bien sûr, il existait – mais à condition de rester silencieux, de se faire oublier.

3 **être secoué de sanglots** beaucoup pleurer – 3 **un sanglot** Schluchzer – 4 **être tétanisé** être paralysé – 9 **racler** faire du bruit – 14 **se murer dans le silence** s'isoler, s'enfermer dans le silence – 15 **faire une croix sur qc** *fam* renoncer à qc, vouloir oublier qc – 18 **un bouc émissaire** *ici :* la personne qu'on rend responsable d'un drame – 19 **parer qn de qualités** donner à qn des qualités qu'il n'a pas – 19 **à titre posthume** après la mort de qn – 26 **vivace** présent, vif, fort – 28 **silencieux** qui garde le silence, qui ne dit rien

Je sens des gouttes de sueur dans mon dos. J'entends l'écho de ma condamnation. *Je ne t'adresserai plus la parole tant que je vivrai ici.*

Il faut que je rentre à la maison. Mais maintenant que Marc est lancé, il ne s'arrête plus.

– Petit à petit, ta grand-mère a perdu la boule. Le lendemain de l'accident, déjà, elle avait fait une croix sur la veille. Elle demandait où était Pascal. On a mis ça sur le compte du choc. Des médicaments. Mais elle n'est jamais vraiment revenue parmi nous. Tu imagines bien que ça en a rajouté à la culpabilité que ressentait ton père. Honnêtement, je ne sais pas comment il a survécu à tout ça. Si, je sais.

Pendant quelques années, il n'a pas vraiment survécu. Il était comme anesthésié. Toujours légèrement recroquevillé, les épaules tombantes, rasant les murs. Le contraire de ce qu'il avait été. Parce qu'il a été flamboyant, tu sais. Il avait cette fièvre en lui. Cette envie, ce désir, je ne sais pas comment t'expliquer, les Anglais disent *a zest for life*. Il a tout perdu. Il a abandonné ses projets d'étude à Paris. Il a passé le concours d'instit, ici – à cette époque-là, on le passait juste après le bac. Il a été reçu. Il a pris un studio glauque dans un immeuble glauque. Il ne sortait plus. Il m'a presque perdu, moi aussi. Il ne voulait plus voir personne. Olivier et moi, nous l'avons forcé. Nous l'avons porté. C'est peut-être ce que j'ai accompli de meilleur dans mon existence. Aider quelqu'un à ne pas boire la tasse complètement. Faire du bouche à bouche à un noyé. Nous l'avons ranimé, mais ce qui l'a vraiment remis en vie, c'est la rencontre avec ta mère. Sa façon de le rassurer. Et puis ta naissance, bien sûr. C'était la première fois que je le voyais

---

2 **une condamnation** Verurteilung – 6 **perdre la boule** *fam* perdre la tête, devenir dément – 11 **la culpabilité** quand une personne se sent coupable de qc – 14 **anesthésié** endormi – 14 **recroquevillé** zusammengekauert – 15 **raser les murs** chercher à ne pas se faire voir – 16 **flamboyant** brillant – 19 **le concours d'instit** die Prüfungsaufnahme zur Ausbildung als Grundschullehrer – 21 **glauque** sans lumière, triste – 24 **accomplir** faire – 25 **boire la tasse** *ici :* se noyer (ertrinken) – 26 **un noyé** Ertrunkener – 27 **ranimer qn** ramener qn à la vie

à nouveau heureux. Souriant. Et fier. Tellement fier. Et cette fierté, elle a résisté à la maladie fulgurante de ton grand-père, et à son décès. Un jour, nous étions là, dehors, et il m'a dit que ce dont il se sentait le plus coupable maintenant, c'était du fait
5 que son fils n'avait pas de grands-parents paternels et, surtout, qu'il n'avait pas d'oncle. J'ai répondu que j'étais là, moi. Et Olivier aussi. Nous sommes devenus tes tontons.

Il y a un moment de silence pendant lequel on entend des oiseaux dans le jardin et la rumeur de la ville, un peu plus
10 loin.

Et puis soudain, Marc pose bruyamment sa tasse sur la table et me fait sursauter.

– Voilà. Tu la connais, son histoire. Je ne sais pas ce qui l'a poussé à te la faire découvrir, mais je trouve qu'il était
15 sacrément temps. Qu'est-ce qui s'est passé entre vous ?

– Des conneries, Tonton.

– Je t'ai déjà dit d'arrêter de m'appeler Tonton. Surtout aujourd'hui.

– C'est surtout aujourd'hui que j'ai envie de t'appeler comme
20 ça. D'ailleurs, Tonton, c'est joli. Ce qui est moche, c'est Tonton Marc. Mais c'est parce que Marc, c'est laid comme prénom, tu ne trouves pas ?

– Petit con.

– Voilà. Parfait. Râle et soupire. C'est comme ça que je
25 t'aime.

Je me lève et je marche vers la grille. Avant de la franchir, je ne peux pas m'empêcher de jeter un coup d'œil en arrière. Il est immobile, assis sur sa chaise en fer-blanc, il sourit. Dans son visage qui se détend, je retrouve le garçon de la photo.

30 Je ne suis pas rentré tout de suite à la maison. J'ai marché longtemps dans les rues. Je me sentais étrangement calme.

---

2 **fulgurant** intense et rapide – 12 **sursauter** réagir par un geste de surprise ou de peur – 15 **sacrément** *fam* vraiment – 21 **laid** ≠ beau – 26 **une grille** *ici* : une porte en métal – 26 **franchir** passer, aller au-delà de qc – 29 **se détendre** *ici* : se relaxer, se décontracter – 31 **étrangement** bizarrement

Tout prenait sens. Cette réticence qu'a mon père par rapport à la voiture et qu'il m'a transmise – je fais systématiquement des remarques à ma mère quand elle dépasse les limites de vitesse. Ce regard qu'il porte sur ma sœur et moi, parfois, où

5 je perçois de la tendresse, bien sûr, mais aussi une sorte de frayeur. La lecture du blog. Cette envie de surveiller. Sans parler. Il faut que je change ça. Il faut que nous changions ça.

La première idée qui m'est venue, en arpentant les rues, c'est que le PNU ne devait plus être réservé aux élèves du lycée

10 – il fallait y convier les adultes. Les parents, les profs, l'administration. Célébrer la vie. Célébrer la communauté.

J'ai échafaudé des projets délirants – un spectacle, un feu d'artifice, une piste de danse en plein air. Je savais que rien de cela ne se réaliserait, mais j'avais besoin d'avenir et d'oxygène.

15 De temps à autre, derrière les images colorées que j'invoquais, j'apercevais encore le visage de mon père et celui, si proche, de mon oncle.

---

1 **la réticence** Zögern – 4 **percevoir** remarquer, ressentir – 5 **la tendresse** un sentiment de douceur, d'amour qu'on a pour qn – 5 **une frayeur** une grande peur – 8 **arpenter** marcher en faisant des grands pas – 10 **convier** inviter – 11 **célébrer** fêter – 12 **échafauder un projet** imaginer un projet – 12 **délirant** fou – 12 **un feu d'artifice** Feuerwerk – 15 **invoquer** *ici :* imaginer

13

JE SUIS PASSÉ CHEZ ANNE-SO. Sa mère n'a pu réprimer un sourire. Elle avait entendu parler de moi. Oui, Anne-Sophie était dans sa chambre. Anne-So habite un tout petit appartement, dans un immeuble de trois étages. Un
5 appartement qu'elle partage avec sa mère, vendeuse en parfumerie de son état. J'ai frappé à la porte de la chambre. Quand Anne-So est venue m'ouvrir, elle a rougi d'un coup. Elle a bredouillé que c'était la première fois qu'un copain venait ici, chez elle. Elle avait toujours refusé. Rapport à l'étroitesse
10 des lieux. Rapport aux odeurs entêtantes qui saturaient l'air. Rapport à sa mère, qui avait le visage fatigué et surmaquillé des femmes qui vendent toute la journée des produits de luxe à d'autres femmes qui sont toutes plus riches qu'elle.

D'abord, elle n'a pas su quoi faire de moi, dans cette pièce
15 intime. Elle se levait, s'asseyait au bureau, furetait dans les papiers, se relevait, ouvrait la fenêtre, la refermait. Moi, j'étais étrangement calme. Zen comme jamais. Je la regardais faire et je sentais la tendresse et la chaleur grandir en moi. À un moment donné, je lui ai posé la main sur l'épaule et je lui ai
20 murmuré :
    – Arrête-toi.
    – Je… Tu n'as pas l'air dans ton état normal.
    – Toi non plus.
    – Je n'ai pas l'habitude de voir un mec dans cette pièce. Des
25 copines, oui. Mais des mecs, non. De toute façon, des mecs, il y en a peu qui pénètrent dans l'appartement.
    – Tu veux que je m'en aille ?

---

1 **réprimer un sourire** s'empêcher de sourire – 8 **bredouiller** parler d'une manière confuse et peu claire – 10 **entêtant** *pour un parfum* qui monte à la tête, trop fort – 10 **saturer** remplir excessivement – 11 **surmaquillé** trop maquillé (geschminkt) – 15 **fureter** chercher – 17 **être zen** se sentir calme/bien

– Non. Mais je me sens… petite fille. C'est ça, je ne peux plus faire ma grande, imiter l'adulte. Là, je suis… je ne trouve pas le mot.

– Désemparée ?

5 – Oui. C'est un joli adjectif.

– Moi aussi, je suis désemparé.

– Mais tu as l'air si… *coolos*.

– C'est ma façon d'être désemparé.

– Qu'est-ce qui se passe ?

10 – Je t'expliquerai plus tard. J'ai envie d'organiser le plus grand pique-nique urbain qui ait jamais eu lieu.

– Tu as la folie des grandeurs ?

– Anne-Sophie ?

– Je n'aime pas quand tu m'appelles par mon prénom 15 complet.

– Je ne l'ai jamais fait.

– C'est sans doute pour ça.

– Je crois que je suis amoureux de toi. Je crois que je t'aime.

20 Et là, elle a cessé d'un coup de tourner et de virer. Elle s'est laissée tomber sur le lit, le visage entre les mains. Je me suis souvenu de la photo, dans le carton de Philippe – celle où l'on voit cette fille qui court sur le chemin et se retourne vers le photographe, juste avant de disparaître. Je me suis dit que 25 c'était terminé. J'ai pensé qu'elle allait m'avouer qu'elle avait renoué avec son ex ou qu'elle se rendait compte que nous n'étions pas sur la même longueur d'onde, côté sentiments. Mais, en fait, je suis vraiment une quiche en psychologie féminine, parce qu'après quelques secondes, elle a relevé 30 la tête, ses yeux brillaient, ses joues étaient rouges, elle a chuchoté qu'elle n'aurait jamais pensé que.

Et puis elle m'a embrassé.

---

4 **désemparé** désorienté, perdu – 12 **avoir la folie des grandeurs** voir les choses en grand, avoir une grande ambition – 20 **virer** changer tout le temps de direction – 25 **renouer avec qn** reprendre une relation avec qn – 30 **briller** leuchten – 31 **chuchoter** parler à voix basse, murmurer

J'ai dîné chez Anne-So, ce soir-là. Sa mère avait téléphoné à la mienne. Elle avait promis de me ramener au domicile familial en voiture. Elle avait préparé des pâtes qu'elle avait savamment ratées. Nous en avons beaucoup ri. Elle a aussi
5 ouvert une demi-bouteille de mousseux, que nous avons partagée. Ensuite, elle est allée voir une copine, à l'étage du dessus, en ajoutant qu'à vingt-deux heures, elle me conduisait au bercail. Elle nous a laissés, tous les deux, pour finir la vaisselle. Nous n'échangions plus un seul mot, Anne-So et moi.
10 On n'entendait que le bruit de l'eau qui coule et des assiettes qu'on empile.

Un peu plus tard, nous avons changé de décor. Nous sommes retournés dans la chambre. Nous n'avons pas mis de musique. Nous n'avons pas parlé.
15 Nous avons célébré les corps.

---

4 **savamment** → savoir – 5 **le mousseux** Sekt – 8 **le bercail** *fam* la maison – 9 **la vaisselle** Geschirr – 11 **empiler** mettre des choses les unes sur les autres

14

JE SUIS RENTRÉ CHEZ MOI VERS VINGT-TROIS HEURES.
Je me suis arrêté sur le trottoir, devant la maison. Dire que la
veille encore, je la trouvais moche, notre maison. Trop
ramassée, trop petite, trop étroite. Ce soir, j'ai compris ce qui
5   a pu attirer mes parents, au moment de l'achat. Cette envie de
normalité.

Et d'oubli.

Quand je suis rentré, ma mère montait l'escalier. Elle allait
se coucher. Elle m'a souri et elle m'a demandé si tout s'était bien
10   passé, chez Anne-Sophie. Les larmes me sont instantanément
montées aux yeux. C'était la première fois que je me rendais
compte à quel point ma mère pouvait être touchante. À quel
point elle a dû être jolie il y a une vingtaine d'années. À quel
point elle nous aime, ma sœur et moi. Et à quel point tout cela
15   est fragile. D'une fragilité telle que nous préférons tous
multiplier les activités et les contrats d'assurance-vie pour
l'oublier.

J'ai monté quelques marches et je suis allé me coller à elle.
Elle a eu un petit mouvement de recul, parce que je suis un
20   homme maintenant et puis, très vite, elle m'a pris dans ses
bras et elle m'a caressé la nuque. Un geste qu'elle a depuis
l'enfance. C'est comme ça que je m'endormais, quand elle me
racontait les aventures d'*Alice au pays des merveilles* – c'était
celui-là, mon livre préféré. Le chat de Chester et son sourire
25   énigmatique. La chenille. Le chapelier fou.

– Qu'est-ce qui se passe ?

– Rien. Enfin, plutôt si. Beaucoup de choses. C'était une drôle
de journée.

---

12 **touchant** émouvant – 16 **une assurance-vie** Lebensversicherung – 21 **la nuque**
Nacken – 23 **Alice au pays des merveilles** Alice im Wunderland

En fond sonore, on entendait les éclats de voix d'un film. Mon père était dans le salon et regardait la télé. Je voyais les images déformées se réfléchir sur la vitre dépolie de la porte fermée.

5 – Il va bien ?

– Qui ?

– Papa ?

Elle a levé les yeux vers le plafond et j'ai compris qu'elle encaissait tout, depuis que la brouille avait commencé. Qu'elle
10 passait son temps à chercher une solution et qu'elle s'y épuisait.

Alors, la situation s'est retournée. C'est moi qui l'ai prise dans mes bras et qui l'ai bercée. Parce que je suis plus grand qu'elle désormais. Et parce qu'il est temps que je redonne ce qu'on
15 m'a offert.

– Je vais aller lui parler, maman.

Elle s'est détachée de moi, s'est essuyé les joues rapidement, et puis elle a disparu au premier étage.

Je suis resté devant la porte fermée du salon. Je savais qu'il
20 devinait mon ombre. J'en ai déjà fait l'expérience – tu regardes un film, et puis soudain, à la périphérie de ta vision, il y a quelque chose qui te gêne, tu tournes la tête une fois, deux fois et à la troisième fois, tu comprends qu'il y a quelqu'un derrière la porte, qui attend. Cela peut être extrêmement flippant.
25 J'aime bien utiliser cette technique d'intimidation avec ma sœur, quand elle est avachie devant les aventures des Pokémons. Elle se met à baliser et elle abandonne le salon très vite. L'écran est alors à moi.

Mais là, je ne voulais pas faire peur. Au contraire. Je voulais
30 qu'il s'habitue. Qu'il sache avant le face à face que nous allions nous reparler. J'ai lu l'autre jour dans un magazine que, dans

---

1 **un éclat de voix** un bruit violent de voix – 3 **déformé** verzerrt – 3 **dépoli** qui a perdu son éclat – 9 **encaisser** supporter – 10 **s'épuiser** se fatiguer – 14 **désormais** à partir de maintenant – 17 **s'essuyer qc** abwischen – 24 **flippant** *arg* qui fait peur – 25 **l'intimidation** *f* le fait de faire peur à qn – 26 **être avachi** être assis sans énergie – 27 **baliser** *fam* avoir peur

la plupart des tribus indiennes, on ne frappe pas à la porte d'entrée. On se contente d'attendre, en retrait, devant la maison. On donne ainsi le temps à l'occupant de se préparer à recevoir.

5 De chaque côté de la porte en verre dépoli, mon père et moi, nous nous sommes transformés en Indiens. Parce que nous sommes chacun le totem de l'autre.

Ensuite, tout doucement, j'ai ouvert la porte. Je me suis glissé dans le salon. Sans me jeter un regard, mon père s'est recalé
10 dans le canapé, de façon à ce que j'aie de la place pour m'asseoir à côté de lui. Ses yeux sont restés rivés à l'écran, mais je savais que son cœur battait la chamade. À la télé, c'était *Into the wild*, un des rares films que j'ai acheté en DVD et que j'avais laissé en évidence sur les étagères du salon, avec l'espoir secret qu'un
15 soir, mes parents se laisseraient tenter. C'est un film dans lequel on sombre, en silence. C'est ce que nous avons fait.

Plus tard. Bien plus tard.

Selon la pendule qui trône sur le buffet, il est presque trois heures du matin. Nous travaillons tous les deux dans quelques
20 heures, mais le boulot n'a plus aucune importance. Nous avons à peine bougé. Une main, parfois, s'est posée sur un bras. Une jambe, prise de tremblements, s'est calmée lentement. Je lui ai simplement dit que j'avais lu ses journaux et que j'étais allé trouver Tonton Marc pour qu'il me parle de Pascal.

25 – Tu sais, je ne comprends pas pourquoi tu n'as jamais abordé le sujet.

– Moi non plus. La culpabilité, sûrement.

– Mais tu n'es coupable de rien !

– C'est vite dit. Il y a un mort, et ce n'est pas moi. Et puis tu
30 sais, maintenant, je suis capable d'analyser mais cela n'a pas

---

8 **se glisser** entrer discrètement, sans faire de bruit – 11 **rivé sur qc** fixé sur qc –
12 **battre la chamade** *pour le cœur* battre très fort – 14 **en évidence** que l'on peut voir
tout de suite – 16 **sombrer** *ici :* entrer – 18 **une pendule** Uhr – 18 **trôner** *ici :* se
trouver – 25 **aborder un sujet** commencer à parler d'un sujet

toujours été le cas. Quand tu étais petit, la douleur était encore vive. Et moi, je ne voulais pas tout gâcher.

– Gâcher quoi exactement ?

– Je ne sais pas. Votre enfance. Le confort. Votre confiance
5 dans le monde qui vous entoure.

– Mentir, même par omission, c'est une vraie rupture de confiance, non ? Et lire un blog, c'est pire.

– Ça, je ne me le pardonne pas. J'aurais détesté que mes parents lisent mes journaux.
10 – Ils l'ont sans doute fait.

– Tu crois ?

Il se retourne vers moi, et il est atterré. Ses yeux se sont arrondis sous l'effet de la surprise et sa bouche s'est crispée. Il ressemble à un gamin de dix ans qui vient de casser un carreau
15 en jouant au foot. Je ne peux pas m'empêcher de rire – et mon rire est contagieux. Nous rions ensemble, sur le canapé du salon, à trois heures du matin. La vie est pleine de surprises.

– Papa ?

– Oui ?
20 – C'était comment ?

– C'était comment, quoi ?

– La douleur. La perte.

– Je ne suis jamais arrivé à mettre des mots dessus.

– Pourtant, tu en avais l'habitude, des mots, non ? J'ai lu tes
25 histoires, elles… enfin, je ne suis pas spécialiste, mais elles étaient très… tu aurais pu devenir écrivain.

– Après l'accident, j'ai tout abandonné. Les mots paraissaient si… futiles. Et mensongers. Je n'avais plus le temps. Je n'avais plus l'envie. Et puis, je me disais que… je ne sais pas comment
30 t'expliquer… je me disais qu'il fallait que je me sacrifie,

---

2 **gâcher** verderben – 5 **entourer qc** être autour de qc – 6 **mentir par omission** ne pas dire les choses – 12 **atterré** à la fois triste et surpris – 14 **un carreau** Fensterscheibe – 16 **contagieux** ansteckend – 22 **une perte** → perdre – 28 **futile** vide de sens, superficiel – 28 **mensonger** qui est faux – 30 **se sacrifier** renoncer à soi

puisque j'avais tué mon frère. Que je me punisse. Alors, je me suis puni. Je n'ai plus jamais écrit une seule ligne. De toute façon, j'étais occupé à plein temps à essayer de disparaître de la circulation. À tenter d'être incolore. Sans pouvoir me rayer
5 de la carte du monde non plus. Je ne pouvais pas me suicider. Mes parents avaient déjà assez souffert comme ça – et à cause de moi.

    – Et maintenant ?

    – Quoi maintenant ?

10   – Comment tu te sens par rapport à tout ça, maintenant ?

    – Je ne sais pas. C'est loin. J'ai tellement été le nez sur le guidon, à vous élever toi et ta sœur, à tenter aussi de faire réussir mes élèves. À faire en sorte de joindre les deux bouts, de rendre ta mère heureuse, de pouvoir vous offrir un avenir.
15 Je me suis oublié dans mon métier et dans ma famille, et du coup, j'ai oublié la douleur. Sincèrement. Je n'y pensais plus.

    – Jusqu'à ce que ?

    – Comment ça, « jusqu'à ce que » ?

    – Dire « je n'y pensais plus », comme ça, en fin de phrase,
20 ça appelle une suite, un « jusqu'à ce que »… Tu vois, « je n'y pensais plus jusqu'à ce que… »

    – Je lise ton blog.

    – C'est exactement ça. Jusqu'à ce que je lise ton blog. Au début, bien sûr, c'était juste de la curiosité. Un truc lamentable,
25 une envie de savoir. Faut dire que vous êtes bizarres, aussi, les ados, vous écrivez des choses intimes sur internet et vous ne supportez pas que ça puisse être lu par indiscrétion ! Si vous voulez vraiment vous exprimer discrètement, vous n'avez qu'à prendre un bon vieux carnet et écrire à la main !
30   – Et être lu exclusivement par des parents indiscrets ? Aucun intérêt. Au fait, comment tu t'es procuré l'adresse du blog ?

---

1 **se punir** sich bestrafen – 4 **rayer qn/qc de la carte du monde** faire disparaître qn/qc – 6 **souffrir** avoir de la douleur, du chagrin – 11 **avoir le nez sur le guidon** être très occupé – 13 **joindre les deux bouts** gagner assez d'argent pour vivre – 27 **supporter qc** accepter, tolérer qc – 31 **se procurer qc** trouver qc, réussir à obtenir qc

– Par Clément. Mais il n'y est pour rien.

– Qui ça ?

– Clément Dupuis. Un de mes anciens élèves. Tu sais, il est en première S dans ton lycée.

5 – Mais je le connais à peine !

– J'imagine. C'est ça, le virtuel, non ? Être en contact avec le monde entier par des canaux détournés. En tout cas, un jour, il m'a envoyé un mail avec des photos de classe qui dataient de quand il était en primaire. Il avait oublié le prénom de

10 certains de ses camarades et ça l'agaçait, il m'a joint les photos pour que je l'aide à tagger les élèves. J'ai retrouvé tous les noms manquants et, en retour de mail, il m'a donné le lien qui conduisait à son blog, où les clichés étaient publiés, avec les commentaires des élèves sept ou huit ans après. Je crois

15 vraiment qu'il ne s'est pas rendu compte des ramifications. C'est ça, le hic, dans tout ce réseau informatique : les ramifications, les implications, les conséquences. Personne ne vous en a jamais vraiment parlé parce que, pour l'instant, tout le monde est simplement fasciné. Hypnotisé. Moi, comme les

20 autres. J'ai commencé par me balader un peu sur le blog de Clément, mais c'était plein d'un jargon que je ne comprenais pas, et puis surtout, pour quelqu'un qui ne le connaît pas intimement, c'est sans intérêt. J'allais quitter la page quand j'ai remarqué la colonne des liens, à droite. *Mes blogs préférés*,

25 ou un nom comme ça. Une dizaine de noms, tous plus ahurissants les uns que les autres – bubulledu10, bogoss456, minoucheri4, marredelavieGRM. J'ai cliqué sur certains d'entre eux. Curiosité malsaine encore. J'ai surfé de blog en blog pendant presque une heure – je suis tombé sur celui de

30 ton pote Bastien. J'imaginais parfaitement que le tien serait dans sa liste de préférences. J'ai hésité longtemps. Je me suis

---

7 **par des canaux détournés** indirectement – 15 **une ramification** Verzweigung –
16 **un °hic** un problème – 16 **un réseau** Netz – 17 **une implication** une relation logique
entre deux ou plusieurs choses – 24 **une colonne** Spalte – 26 **ahurissant** qui provoque
la surprise – 28 **malsain** ≠ bon

répété que je ne devais pas aller plus loin. Je ne me suis pas écouté. J'ai sauté le pas. À ma décharge, je crois vraiment que tout le monde aurait fait comme moi. C'est humain. C'est nul, mais c'est humain. Il n'y a que les héros ou les saints qui
5 résistent à la tentation, et je ne suis pas un héros. Ni un saint.
– Je m'en suis rendu compte.
– Pardon ?
– Je n'imaginais pas avant de lire ton journal que tu avais autant péché.
10 – Tu peux parler !
Une image d'Anne-So, ses seins contre ma poitrine. Je rougis légèrement. Il y a encore des choses que je ne peux pas partager avec mon père. Que je ne partagerai d'ailleurs jamais avec personne – ni en virtuel, ni en réel. Il y a des choses qui restent
15 secrètes, privées. Des émotions qui ne se divulguent pas, et qui s'enfoncent dans la mémoire. Un jour, je les invoquerai et elles sortiront, intactes – elles me redonneront mes quinze ans.
Mon père soupire. Il se sert un verre de gin tonic. Il m'en
20 propose un, mais je refuse. Je suis fatigué. J'ai sommeil maintenant, mais j'ai du mal à rompre le lien qui vient de se rétablir.
Mon père boit une gorgée, puis il ajoute :
– C'est diabolique, l'informatique. C'est comme la boîte de
25 Pandore. La curiosité est plus forte que tout, alors tu ouvres le coffret et là, les calamités s'abattent. Pourquoi tu souris ? Ça n'a rien de drôle !
– À cause de Pandore.
– Quoi Pandore ?
30 – Rien. Laisse.

---

2 **sauter le pas** avoir le courage de faire qc – 2 **à ma décharge** pour m'excuser – 5 **une tentation** l'envie, le désir – 5 **un saint** Heiliger – 8 **pécher** sündigen – 15 **se divulguer** se raconter – 21 **se rétablir** revenir, reprendre – 23 **une gorgée** une petite quantité de liquide – 26 **un coffret** une petite boîte – 26 **une calamité** une catastrophe – 26 **s'abattre sur qn/qc** tomber soudainement et violemment sur qn/qc

Je me lève, je lui masse les épaules, je lui passe une main dans les cheveux et j'annonce que je vais me coucher.

Des journées comme celle-là, j'en connaîtrai moins d'une dizaine dans ma vie. Elles seront mes repères, l'articulation de mon histoire. Avant de quitter la pièce, je me retourne et je lance :

– Tu sais ce qui serait bien, papa ? Ce qui serait vraiment novateur ? Ce serait de l'écrire à quatre mains, ce blog. Toi. Moi. Nos avis divergents. Nos points de vue. Histoire de remettre les calamités à leur place et de couper le sifflet à Pandore.

---

4 **un repère** Orientierungspunkt – 4 **une articulation** Gelenk – 9 **divergent** différent –
10 **couper le sifflet à qn** couper la parole à qn, faire que qn arrête de parler

ÉPILOGUE

JE ME SUIS MIS UN PEU À L'ÉCART. J'englobe. Je m'offre une vue d'ensemble.

Le dernier PNU de l'année est un succès qui dépasse toutes nos espérances. Toutes les classes sont représentées. Même les
5 élèves qui n'ont pas cours se sont déplacés. Je devrais être fier. Je le suis. Mais ce que je ressens surtout, c'est de la gratitude. Envers ceux qui m'ont aidé. Et surtout envers celle qui s'affiche avec moi, désormais. Celle dont j'apprends à connaître les zones d'ombre et les taches de lumière. Je la vois qui me
10 cherche du regard. Cela m'émeut. Je comprends que, pour quelqu'un, aujourd'hui, je suis la personne la plus importante sur terre. Je ne sais pas combien temps cela durera. Je ne sais pas si dans trente ans, elle ne sera qu'un nom sur les pages d'un blog oublié, mais je m'en fous. Ce qui compte, c'est ici et
15 maintenant.

Elle me rejoint. Elle sourit. Elle fronce les sourcils aussi. Elle me demande ce que je fais là, à la périphérie.

– Je profite.

– Je n'aime pas trop ce verbe-là.

20 – Alors, disons que je jouis.

– C'est mieux. Il faudrait que tu fasses un discours.

– Bastien s'en chargera. Je suis mal à l'aise à l'oral. Il n'y a que dans l'écrit que je me sente bien.

– J'ai reçu ta lettre, ce matin. J'ai croisé le facteur au moment
25 où je partais. Tu as raison, il n'y a rien qui fasse battre le cœur autant que de voir son nom sur une enveloppe.

– Pourtant, c'est terriblement démodé.

– J'aime bien ton côté démodé. Le plus étonnant, finalement, c'est que tu aies créé un blog.

---

1 **se mettre à l'écart** s'éloigner – 1 **englober** réunir en un tout – 6 **la gratitude** Dankbarkeit – 7 **s'afficher** se montrer – 20 **jouir de qc** prendre plaisir à qc – 22 **se charger de qc** s'occuper de qc – 24 **un facteur** la personne qui distribue le courrier – 27 **démodé** ≠ à la mode

– Qu'il repose en paix.

Un pincement au cœur, inattendu. Toutes ces pages que j'ai remplies de confessions, de frustrations, de rage et d'espoirs. Toutes ces pages abandonnées dans l'océan électronique. Il paraît que trente pour cent des moins de vingt ans ont un blog. C'est énorme. Et c'est sans compter les autres, les adultes spécialisés dans les critiques de livres, les analyses de films ou les débats politiques. Il doit naître par jour autant de blogs que de bébés. Une orgie de création. La mienne est en train de sombrer. Pour mieux renaître. Différente. Accompagnée.

Anne-So suit le cours de mes pensées. C'est ce qu'il y a de plus renversant, dans notre relation : la conversation s'arrête mais Anne-So devine où me mènent les mots que je viens de prononcer – et elle m'écoute alors que je ne dis plus rien. Parfois, cela me fait peur.

– Tu en es où, de ton projet de blog avec ton père ?

– Je crois qu'on est presque prêts.

– Vous commencez quand ?

– Ce soir, peut-être.

– Ce soir, il y a une fête chez Pierre pour célébrer le succès du PNU.

– Possible que j'arrive un peu tard.

– Possible que je ne t'attende pas.

– Possible que nous n'y allions ni l'un ni l'autre. Possible que tu passes la soirée à la maison.

– Tes parents sont de sortie ?

– Non. Mais ils seraient ravis de faire ta connaissance. Mon père surtout.

Anne-So blêmit d'un coup et je ne peux m'empêcher d'éclater de rire. J'ajoute qu'il va quand même bien falloir qu'ils se rencontrent un jour, tous les deux. Elle murmure qu'elle ne sait pas, que c'est bizarre, avec tout ce qu'elle sait

---

1 **reposer en paix** *ici :* rester inactif à jamais – 2 **un pincement au cœur** schweren Herzens – 10 **sombrer** disparaître – 12 **renversant** surprenant – 27 **ravi** content, très heureux – 29 **blêmir** devenir blanc, pâle – 30 **éclater de rire** commencer à rire très fort

sur lui, maintenant. Elle se sent intimidée. Elle craint d'être maladroite, ou de passer pour une idiote.

– Ma sœur sera là pour détendre l'atmosphère. Elle te posera tellement de questions que tu n'auras même plus l'occasion de penser à la situation.

– Arrête. J'en ai des nœuds dans le ventre.

– Sérieusement. J'aimerais bien que tu viennes. Dix minutes, un quart d'heure, c'est suffisant. Je voudrais bien que les différentes parties de mon existence se rejoignent, ne serait-ce qu'un moment.

– Je vais y réfléchir. Vous avez trouvé un sujet, pour la première page du blog ?

– Oui.

– Et c'est ?

– Top secret. Mais tu seras la première informée.

Je ne veux rien dévoiler. Nous avons parlé pendant des heures, Philippe et moi. Il était très réticent, au départ. Il trouvait que c'était une fausse bonne idée, ce blog à quatre mains. Je lui expliquais que ce serait *coolos* d'aborder le même sujet, mais avec des points de vue différents – lui avec son expérience, et moi, disons, avec ma fraîcheur. Ma *fraîcheur*. J'ai cru qu'il allait s'étouffer tellement il s'est mis à rire et à se moquer de moi. Alors, je lui ai relu les histoires qu'ils avaient écrites, Olivier et lui. Je lui ai lancé qu'il n'avait pas le droit de ne rien en faire, de son talent à raconter les choses. Il a ironisé sur son *don*, mais je savais qu'il était touché. Après, je n'ai plus eu qu'à attendre que l'idée fasse son chemin. Un matin, juste avant de partir au boulot, il a lâché : « La première fois ? » Comme je ne comprenais pas, il a expliqué que, vu que c'était la première page du blog, on pourrait y parler de notre première fois. J'ai voulu savoir ce qu'il entendait par « la première fois ». Il a haussé les épaules. Il a répliqué que c'était à moi de voir.

1 **intimidé** rempli de peur – 6 **avoir des nœuds dans le ventre** être très nerveux –
17 **réticent** voller Vorbehalte – 21 **la fraîcheur** *ici :* la jeunesse – 26 **un don** un
talent – 32 **répliquer qc** répondre qc

Quand je lui ai demandé s'il avait déjà son idée sur la question, il a juste souri, m'a souhaité bonne journée, et est parti en sifflotant.

J'ai mordu à l'hameçon. Pendant toute la matinée, en cours, j'ai pris des notes en pilote automatique. Les rouages du récit s'étaient mis à fonctionner. Ils se nourrissaient de souvenirs et d'illusions, de désirs et de fragments de vie.

La première fois. La première fois que je me suis aperçu que les mots avaient un pouvoir. La première fois que j'ai détesté quelqu'un sur terre. La première fois que j'ai transgressé les règles. La première fois que je me suis dit : « Tiens, c'est la première fois. » La première fois que je me suis dévoilé sur ordinateur. Bien sûr, elles comptent, toutes ces premières fois là. Mais elles ne sont rien à côté de ce que j'ai décidé de raconter.

Le café. Les carnets de mon père, qui m'obsédaient. La lumière. L'envie, soudain, de prendre Anne-So dans mes bras et de me coller à elle. Je me suis penché au-dessus de la table et je l'ai embrassée. Doucement. Lentement. Et pendant le baiser, je pensais : « Nous sommes si fragiles, nous sommes si éphémères. » Le frisson que j'ai senti monter – des cuisses jusqu'au cou. C'est de ce moment-là dont j'ai voulu parler. C'est un summum d'indécence – et un summum de tendresse aussi, j'espère. C'est une déclaration. Publique, puisque électronique. Privée, puisque bloguesque. Les ambiguïtés ne sont pas levées – on apprend simplement à vivre avec.

La page sera publiée ce soir – elle sera ma lettre du jour.

---

4 **mordre à l'hameçon** anbeißen – 5 **un rouage** *ici :* les éléments les plus importants – 6 **se nourrir de qc** *ici :* prendre son inspiration dans qc – 10 **transgresser les règles** ne pas respecter les règles – 16 **obséder qn** occuper entièrement les pensées de qn – 23 **un summum** Höhepunkt – 23 **l'indécence** *f* Unanständigkeit – 25 **l'ambiguïté** *f* Mehrdeutigkeit

Je ne sais pas de quoi mon père va parler. J'ai tenté de deviner son inspiration. La rencontre avec ma mère. L'entrée de Marc dans sa vie. La confrontation avec la mort. À son âge, il y a tant de premières fois. Le choix est vaste.

5 Je pense à lui. J'entends au loin les éclats de voix, les interjections, les rires. Tous ces gens qui ne savent pas qu'aujourd'hui, j'ai contribué à réaliser le rêve de mon père. Son rêve du 3 juin 1981. Quelques jours après la victoire de Mitterrand. Son envie d'un grand rassemblement. *Un*
10 *événement. Un bal. Ou un pique-nique. Bonne idée, ça, un pique-nique.*

Je ris tout seul. Anne-So me demande si je suis sûr d'aller bien. Je ne réponds pas. Je pose mon front sur son épaule. Elle pose sa main sur ma nuque. Nous sommes éternels.

---

4 **vaste** grand – 6 **une interjection** une exclamation – 9 **un rassemblement** quand une foule de personnes se réunissent pour qc – 14 **éternel** qui vit toujours

Biographie

© Actes Sud Junior, Paris

Jean-Philippe Blondel est né en 1964. Il est marié, a deux enfants et enseigne l'anglais dans un lycée près de Troyes depuis bientôt vingt ans. Il mène en parallèle une carrière d'écrivain, en littérature générale et en littérature jeunesse.

Bibliographie

Littérature générale

6h41, Buchet-Chastel, 2013
Et rester vivant, Buchet-Chastel, 2011
G229, Buchet-Chastel, 2011 (Prix Virgin-Version Femina)
Le Baby-sitter, Buchet-Chastel, 2010
À contretemps, Robert Laffont, 2009
This is not a love song, Robert Laffont, 2007 (Prix Charles Exbrayat en 2008)
Passage du gué, Robert Laffont, 2006 (Prix Biblioblog en 2007)
Un minuscule inventaire, Robert Laffont, 2005
Juke-box, Robert Laffont, 2004
1979, éditions Delphine Montalant, 2003
Accès direct à la plage, éditions Delphine Montalant, 2003 (Prix Marie-Claire-Blais en 2005)

Littérature jeunesse

Brise-Glace, Actes Sud Junior, 2011
(Re)play !, Actes Sud Junior, 2011
Qui vive ? (travail d'écriture d'après des photos de Florence Lebert), Éditions Thierry Magnier, 2010 (Prix Amerigo Vespucci jeunesse en 2011)
Blog, Actes Sud Junior, 2010
Au rebond, Actes Sud Junior, 2009
Un endroit pour vivre, Actes Sud Junior, 2007

Liste des abréviations

≠	antonyme de
→	mot de la même famille
°	h aspiré (pas de liaison : *le/la* devant un substantif, *je* devant un verbe)
adj	adjectif
enfantin	langage enfantin
esp	espagnol
etw	etwas
f	féminin
fam	familier
fpl	féminin pluriel
jdm	jemandem
jdn	jemanden
m	masculin
mpl	masculin pluriel
péj	péjoratif
qc	quelque chose
qn	quelqu'un
verlan	argot, langage qui inverse les syllabes
vulg	vulgaire